男娼
Dansyou
中塩智恵子
Nakashio Chieko
光文社

まえがき

精力的におこなっていた風俗嬢取材のなか、私の興味の対象はしだいに男娼へと移っていった。記憶がさだかではないのだが、当時、私はタイのバンコクに住んでおり、タイの男娼（ゴーゴーボーイ）に興味を持ち、しかるべき場所に夜な夜な足を運ぶことが日課になった。ロウソ（ロウソサエティのことをタイの人はこう呼ぶ）にいる彼らと仲良くなったり、距離を置いたり……と、それなりに、いや、当時は嵐のような毎日だったと思うが、思い出の輪郭として〝忘れられない濃密な日々〟として深く刻み込まれた。

タイからの帰国後は新宿二丁目のウリセンバーに通うようになった。いつも好奇心の赴くままに取材をし、掲載媒体を見つけては発表するのが当時の私の活動スタイルだった。ゴーゴーボーイにしてもウリセンにしても、結果として多くのヒアリングを行っていたので（フィールドワークともいう）、週刊誌、月刊誌、web等に記事を寄稿した。

初著書『風俗嬢という生き方』では、風俗嬢および業界のおよそ15年間について描いたので、次は男娼を描こうと思った。日本・タイと、セックスワーカー取材の場数を踏んでいる自負はそれなりにあったので、すぐに取り掛かった。基本的な質問事項は風俗嬢取材と同じものを準備した。客層、収入、仕事への本音等。そして男娼からの目線で風俗嬢を語ってもらった。彼らは同業である彼女たちと顧客をどう分析するのか——。そこには日本におけるジェンダー観が端的に現れ、その理由を冷静なまなざしで語れるのが同じ性サービスを施す男娼だと思っていたからだ。そのあたりも意識してお読みいただけたらと思う。

各業種の50年近くの歴史も、調べられる限りで辿ってみた。おもに雑誌記事を参考にした。いまあるセックスワークの成り立ち、従事者の概要、ユーザーの事情など、現在と比較し、どう変化していったのかに留意した。

とはいえ、基本的な部分ではそれぞれのライフヒストリーである。これまでの来し方——。そこが知りたいところであり書きたいところだった。

私がその昔、一面に田んぼが広がる東北の田舎町で退屈をもてあましていた頃、まだ知らぬ世界を見せてくれ、私に胸高鳴るどきどきとわくわくを与えてくれたのは、人物ノンフィクションだった。

本書にはセクシュアリティを始め、さまざまな事情を抱えた人たちのいろいろな人生が登場する。

誰かの生き方を知ることは、誰かの想いを知ることになり、自分以外の人間へ感情移入することが学べる。それは、考え方の幅や枠を広げることにつながる。同じ痛みを持つ者にとっては、自分を肯定するきっかけになる。そして何よりも、自分の生きている世界だけがすべてじゃない。そんなあたりまえを実感できる。自分と違う誰かの人生を知ることは、多様性や寛容性、柔軟性が謳われる今後の社会で、さらに必要とされていくものだろう。

そして性風俗は、いつの時代も社会を映し出す鏡ということにも注意していただきたい。現在、日本に生きる私たちの社会問題や課題がそこかしこに記述されているはずだ。従事者、利用者のセクシュアリティのグラデーションも感じていただきたいため、順を追ってお読みいただければと思う。

第二章　ウリセンボーイ

本文デザイン／Malpu Design（佐野佳子）

第一章　出張ホスト

- デリバリーホスト、レンタル彼氏、恋人（彼氏）代行とも呼ばれる
- サービス内容は、デートのお付き合いから性的サービスまで
- 登録型と個人営業型がある。無店舗型風俗特殊営業の届け出が必要となる
- 顧客：女性

「処女の人。確率的に高いと思います。３割くらいかな。そういう方は年単位で長く指名をしてくださるんですよ」

専業歴13年。元社長、研究者肌の有名出張ホスト［48歳］

男娼と聞いて真っ先に思い浮かぶのが「出張ホスト」だ。女性を顧客に持ち、女性のあらゆる夢を叶える……。そんなイメージ。

この、出張ホストという仕事、いつ頃から日本に出現したのだろう。

「うーん、知らないです。ただ、今から20年前のインターネットがまださかんじゃなかった時期に、HPを持っている方が２人いました。平成８年かな」

さかのぼれば江戸時代の陰間茶屋では女性客を迎えいれていたそうだし、身分に関係なく町人の女性も男娼と関係が持てたそうだ。はるか昔から女性にも買春市場は開放されており、買春は男性の専売特許ではなかったことがわかる。この「出張ホスト」という単語に関しては、紙媒体だと、１９７４年発売の週刊誌で見つけることができた。記事によると、あるコンサルタントが１９７３年に女性への出張ホストサービスをスタートさせたとあるので、この時代にすでに「出張ホスト」という仕事が存在していたことがわかる。サービス内容は、「①女性の方々の会合へのホスト出張サービス②貴方様への秘書的サービス③貴方様へのホームヘルパー的サービス④其の他あらゆるサービスをいたす所存」で、「この〝出張ホスト〟、早くいえば、セックスプレーを楽しんだうえにお金までいただく、男としては無上のユメを叶えるような珍商売。」とあるので、近年の出張ホストとさほど変わらない商売であると言えよう（「週刊サンケイ」１９７４年２月１日号）。

ちなみに、１９８１年にすすきのに女性用ソープランドがオープンし（ただし半年で閉店）、その流れを汲んでだろうか、１９８２年には、都内の新宿・池袋を中心に出張ホストの事務所が10軒誕生という内容を別の記事で確認することができた。その記事によると「電話を受ければ、建売住宅、マンション、ホテル、どこにでも〝セックスボーイ〟が派遣され、場合によってはドライブ（カーセックス）、同伴旅行もＯＫというものである」とある（「週刊宝石」１９８２年６月19日号）。これも現在の出張ホストとほぼ同じと思って良いだろう。ほかに、出張ホストの女性経営者の手記、現役出張ホストのインタビュー記事などもあった。'80年代後半から'90年代半ばは、出張ホストへの詐欺被害記事が散見される。これはスポーツ紙の3行求人広告を見て応募した男性の保証金詐欺だ。2000年代に入ってからは、特に2003年から2004年にかけて出張ホストは雑誌でよく取り上げられるようになる。書籍も2005年から2006年にかけていくつか出ている。ニッチ感はあるが、それなりの歴史がある商売であることがわかる。

今回登場する彼はある書籍の中で取材に応じており、雑誌にも彼のインタビューや紹介記事がいくつかある。顔出しもしている。早い話、彼は有名出張ホストのひとりなのだ。

「でも取材は、2006年以降かなり減りました。風営法が2005年に改正され、2006年に施行されましたよね。それまでは出張ホストって性風俗ではなかったんです。で、公安委員会に登録しないといけなくなったし事務所も借りないといけない。となると借りる部屋の大家さんからハンコをもらわないといけない。HPのトップで、公安登録の番号も掲げないといけない。もぐりでやると、ネットで違法店だと叩かれたりするから。2006年は大きな節目だと思います。性風俗となってしまうとね、イメージがいいわけではないですからね」

風営法が１９９８年に改正（１９９９年施行）されてから、派遣型、無店舗型性風俗店営業は届け出対象となり、デリヘル、ホテヘルといった性風俗店が営業できるようになった。この改正によってそれまで曖昧なポジションだった出張ホストも、届け出をすれば法的にも職業の存在が認められる形になった。なので、彼が言っていることは少し間違っている。１９９９年の時点で出張ホストは、性風俗としてポジションを確立していたのだ。がしかし、当時の出張ホストはマイナー産業。無届け営業が主流で、その後の受難を知る由もなく、自由奔放で無邪気な営業がなされていたのだ。そこにやってきたのが２００５年の風営法厳罰化（２００６年施行）で、これによって届け出が義務化され、無届けは違法営業となった。さらに、性風俗店として店舗・事務所の賃貸契約を執り行わなければならず、それを許可する所有者（大家）がいなければ開業はできなくなった。こういった事情があり、２００６年前後に引退を決めたホストが多かったといえよう。

出張ホストのサービス料金は、１時間平均５０００円〜、２時間で１万〜１万５０００円で、８時間だと平均４万円以上になる。前述の１９７４年の記事には、「午前十時〜午後六時で四万円ナリ。午後六時〜午前二時で五万円ナリ。その他、時間単位のサービスもありますと、一時間二万円、その他三十分ごと七千円ナリ」とある。1974年の大卒平均初任給は7万8700円なので（現在の16万5570円に相当：年次統計より）、収入の半分以上を費やさなければならない贅沢な娯楽だったようだ。利用者も特定の層（富裕層）に集中していたと考えられる。1982年の記事には、「料金はマチマチだが、2時間2万円、オールナイトで5万円というのが平均値である」とされている。1991年、2003年の記事では、「2時間2万円」とある。現在は2時間1万円前後なので、額面だけ見ればデフレ傾向にあると言える。

養育費のことを考えてこの仕事をやったんです。一から出直しなんてやってられなかったので

彼が持つHPは、自身でタグをうち、システムを構築したそうだ。そのHPで、彼の人となりを頭に詰め込んで出かけた。48歳という年齢を感じさせない体形。そして、ジャケット、ジーンズ、ブーツと決めすぎない、けれども、ファッションに気を使っているいでたち。若々しさはないけれど、渋い雰囲気を持っていて、早い話、ちょいワルオヤジふうなのである。

――体形も崩れてないですし、気を使われているんだろうなと思いました。

「いや、８キロくらい太っちゃって。いまは年イチくらいしか呼ばれないけど、前はAVの現場にけっこう呼ばれていて、モニター越しに自分の姿を見たときに『やばい、熊みたいだ』と思って。お客さんは優しいから『全然大丈夫よ』と言ってくれるんだけど、それを信じちゃいけない。自分の判断は自分でする」

――でも40を過ぎると基礎代謝が落ちるのでなかなか痩せませんよね。

「大丈夫、食わなきゃ太らない。１日１食。そのときにがっつり食べる。夜に食べるから夜になるのが楽しくて楽しくて。お客さんと一緒だとそういうわけにいかないけど。１日１食だと痩せますよ」

――出張ホストを始めたのはいつからでしょう？

「34歳と10カ月。ほぼ35歳。だから13年になりますね」

――ほぼ専業？

「ほぼですね。暇な時間があるので、もともとしていた建設業の経験を生かして、知り合いの手伝いもしていますけど」

――出張ホストの前は東京郊外でホストもされていて、さらにその前には建築業界にいたということですよね。

「そうです。自分で会社を興して」

彼は、両親との3人家族。

「小さい頃は本ばっかり読んでましたね。図書館の人から『来なくていいよ。もう読む本がないよ』と言われるくらい。あとは絵をよく描いてました。今振り返ると人付き合いは得意じゃなくて、集団も苦手だった。内向的というか、ひとりっ子だったので。うち、貧乏だったから見下されたりもしたし」

あとで自身を「研究肌」と分析していたが、それは父親から与えられた本がきっかけだった。

「父親に最初に与えられた本が昆虫図鑑だった。図鑑ばかり、ずーっと与えられていました。だから大きくなったら昆虫博士かコックさんになろうと思っていました」

テーマを見つけると自分なりの答えを見つけるまで追究するタイプで、現在の愛読書はニュートンとのこと。取材していたおよそ3時間、多くの知識が私の中に蓄積されていった。博識なので一緒にいると物知りになれそうなくらい。

「今は〝時間〟とは何かというのが一番のテーマ。ニュートンの本を真剣に読んでます（笑）。芸能人のゴシップとかには興味がないので」

時おり、たばこを吸いながらゆっくりと話す。気取った雰囲気もなく、質問の返事にも気負いのようなものは全く感じない。むしろ、ここまで正直に話しちゃっていいの？と思うときさえあった。これはのちに語っていたが「相手にリラックスしてもらうため」からくる、彼なりの気遣いだったのだと思う。

内向的な少年は、異性関係も地味で奥手だった。初体験も早くない。19歳のとき。そして、水産試験場の研究者を目指していた大学４年のときに、その後、妻となる女性が妊娠。そこで進路を１８０度方向転換させ、上場企業へ入社。営業部に配属された。

「ただね、営業でもセールスマンだったので、セールスマンって先が見えるんだよね。それで建設会社に入って、その後、自分で会社を興した」

バブル経済は崩壊し、その名残があった時代とはいえ、研究者を目指すことも上場企業に入ることも会社も興すこともたやすいことではないはずだ。彼が学業的、社会人として優秀な人物であったのがわかると思う。２人の子供にも恵まれ、一家の大黒柱、会社のトップとして、ある種、男の理想の人生を送っていた。時おり風俗にも通い、日々のストレスを解消。そしてテレクラ遊びへとシフトしていった。

「最終的に素人に目が向いたんですよ」

このテレクラ遊びがのちに影響を及ぼすのである。彼は会社や家族のプレッシャーを背負うのに「幼すぎた」と回想した。

「テレクラに電話してくる人とはどんな人なのだろう。かけない人たちもいっぱいいるわけじゃないですか。その、かけてくる人、かけない人の差は何か？　というのが気になった。研究者肌なので、それが知りたくなった。いろいろな話を聞いたり、アドバイスをしていたら、いつの間にか50人くらいのセックスフレンドができていた。当時は会社や家族のこととか、考えることが多くて、現実逃避をしていたんだろうね」

しかしセックスフレンドが増えるのと反比例して、会社の資金繰りが悪化。

「で、女遊びがいろいろとばれて奥さんとの関係が厳しい状況になり、会社も傾きかけてきた。一家の長でもあり、会社でも長なんです。誰に相談すればいいんだと。ま、結局、自分ひとりですべてを処理しようとし、パンクしたんです。会社をつぶし、離婚となった。33のときです」

文字通り、持っていたすべてをなくした。

――元奥さんとその後、連絡は？

「取ってないです。向こうからもない。フェイスブックを探せば出てくるんですよ。でも、こっちから奥さんや子供にアプローチすることは今後もないと思います。それはしてはいけないことなので。子供たちが僕の存在をどう整理しているかわからない。そこにいきなり入るのはいらぬ感情を掻き立てるし、やってはいけないことですよね。本当に悪いと思っているし、申し訳なく思っているので、ふれないようにしているんです」

――お子さんたちとも離婚後、一度も会ってない？

「一度も会ってないです。ただ、上の子のフェイスブックをのぞき見したので、状況は少しだけわかります」

――離婚後の養育費はどうされたのでしょうか？

「養育費のことを考えてこの仕事を始めたんです。一から出直しなんてやってられなかったので。でも、まともには払えなかったですけどね。収入があった時払い。それも結局、一番稼いだ時期は払っていましたけど、収入が落ちてきてからは払えなかったです。自分も生きるのに精一杯で。そこは申し訳ないと思いました。自分は子供に男の悪い印象を与えてしまったし、父親としても失格だと思っています。けして奥さんも子供たちも楽な人生ではなかったと思うし」

椅子に深く腰掛け、背もたれに身を預けていた彼。ここまでいっきに話すと、たばこの煙をふぅっと大きく吐き出した。

——そのあとは？

「もともとはスワッパーだったんですよ。スワッピング。完全な趣味で。で、そういう集まりで、『会社つぶしたんだ』と話したら、『顔がホストっぽいからホストやりなよ。話もうまいんだし』って。それまでは自分主体で生きてきたから 他人の意見も聞いてみようと思いホストになって、この世界やだ、無理無理って。気持ちの弱っている女性に恋愛感情を持たしてお金を取ることが性に合わなかった。そうこうしているうちに、『AV男優やってみない？』という話をもらって、男優をたまにするようになった。けど、男優の収入だけでは心もとない。で、ある日ふと、金はないけどパソコンはある、ネット環境も整っている、家もあると。これまで女にお金を使って内面に入っていくようなことをしていたので、それを商売にしたらどうだろうと思い始めた。それで『出張ホスト』というキーワードを調べてみたらたくさん出てきた。で、これをやろうと。まずは

ＨＰを作ってみよう。35の男なりに考えて、自分にできることをね」


男優で鍛えられた部分はあるんですけどね。

大変なときはやはり大変ですよ

――今は週に何日ぐらい出張ホストをされていますか？

「週？　週で割れないな。月10日ぐらいかな。日をまたぐと２日拘束になりますからね」

――ここ２～３年、月の収入はどれぐらいになります？

「ないときは20ぐらい。あるときでも40ぐらい」

正直、想像していたより少なかった。しかし、出勤日数に対しては妥当といえる。ピークを過ぎた元売れっ子という感じの収入だろうか。

――絶頂期はどれぐらい忙しかったですか？

「ほぼ、家に帰っていないです。お客さんのジャージを借りて、お客さんの家で洗濯をしていました。月に１５０万ぐらいそのときは稼いでいたんですけど、でもそれは（２００６年の）風営法施行前ぐらい。その頃は僕も若かったし、ほぼ出ずっぱり」

その時期は、彼が雑誌や書籍に出ていた頃と重なる。

――お客さんについてですが、利用される女性の年代は？

「下は20歳から上は50代半ばぐらい」

――既婚？　未婚？　割合はどれぐらい？

「割合でいったら既婚が3割ぐらいかな。夫婦やカップルで利用するというのもありますからね」

――夫婦やカップルの利用目的とは。

「複数プレイというのもあるし、あとは撮影ね。夫婦で見るというか、旦那さんが見る用でしょうね。男性って被虐的なものを求めるから、ストレスが快感になることがあるんです。淫靡な刺激というか。自分の彼女がほかの男性のペニスを舐めているのを見ると、妙になまめかしいというか、妙に女に見えてくる。飽きたものでも、取られそうになると、ああダメって、子供がなりますよね。その心理もあるんじゃないかなって」

――そういえばセックスレスの夫婦がスワッピングパーティに参加してから、以前のように性生活が営めるようになったと話していました。オトコとオンナの関係に戻れたと。

「そう。セックスレス解消にも複数プレイはいいんですよ。だから仲のいい夫婦が僕のところにも来ますよ。そういう心理が男の人にあるのは間違いないですし、大切であればあるほど壊したくなる願望もあるんじゃないですか」

――でも、独身女性が割合的には多いですよね？

「20代も多いので、そうなると独身比率が高くなる。30代だと半々ぐらい。40代だと既婚者がやや多いぐらいになる。50代になると旦那が死んでいるということもある」

――職業的には？

「専業主婦やパート主婦もいれば、学生もいたし、専門職も社長さんもいて、公務員もいる。風俗嬢もいる。なぜかソープランドに限っては高級店の人が多い。あと、デリ（デリヘル）じゃなくて箱ヘル（店舗型ヘルス）の人が多い」

――それはなぜなのでしょう？

「稼ぎがいいのは当然あります。ぜったい箱のほうが儲かりますから。あと、箱の人は職人肌の人が多い」

――一般的に、セックスの仕事は大変だと思われていますが、男性にとっても大変ですか？

「大変ですよ。どんどん衰えてきますし。だから今は1日1人しかお客さんを取らないようにしています。１日に３人取っていたときもあって、もう、３人目で死ぬ思いをしましたから。そこで止めようと思いました」

――男性って露骨に現れるから大変ですよね。

「男優で鍛えられた部分はあるんですけどね。大変なときはやはり大変ですよ」

――風俗嬢って、プレイが終わったあとに男性客から「こんな仕事を親が知ったら泣くよ」とか、説教をされることが時々あるみたいです。それに近い台詞を女性客から言われたことはありますか？

「ありますよ（即答）。これは性別関係ないと思います。ＫＹな子っていますから『こんなことをやっていて、子供が知ったらどうするの？』って説教垂れる人もいました。そうなると『お金はいいから帰るね』って僕は言う。そこだけは許せないんですね。あとは何を言われても『そうだよね』って受け流せるんですけど　子供を出されるとやっぱり駄目です」

――ＮＧワードは「子供」なんですね。

「そう。それを言われると、この人はこの世にいなくていい人だと思っちゃうんです。そういうことを言う人は、ただ環境を破壊するだけの迷惑な存在だと。好き嫌いはやはり人間だからありますし、客は選びます」

——多いですか？　そういうことを言ってくる人は。

「そんなに多くないです。３００人いたとしたら5人くらいです。次のメールでお断りすることもあれば、お金を叩きつけたこともある。そういう人は根本的にぶっ壊れている。価値観から何からすべてが異常。年齢も若くないとなると、もう僕が何を言っても無理ですよね」

——風俗嬢を侮辱する男性客がいるのは今に始まった話ではないのですが、男娼の場合、その辺、どうなるんだろうと思っていたんですね。女性客でも侮辱する人がいるのが発見でした。

「かなり少ない比率ですけどね」

——それはやはり女性のほうが理解があるということ？

「男はもともと女を下に見ているので、風俗嬢に説教を垂れるというのは、自分の思うように動け、道を正せという支配欲。本能です。生物学的には、男は支配する側で女は支配される側なので。相手を自分の支配下に置いて思うように動かしたいという心理だと思います」

——それは本能としか言いようがない？

「うん。ただ、なかには男みたいに支配欲の強い女性もいますけど」

余談だが、「性欲」で回収される「性被害（レイプなど）」も、じつは「支配欲」からくるものだといわれている。「支配欲」を生物学的に〝本能〟という理由で片付けられ納得できる女性はどれぐらいいるのだろうか。個人的には釈然としない。

喫茶店でのアイスコーヒーの2時間から、カラオケボックスへ移動し、ビールを飲み始めた彼。おいしそうにビールを口に含んだ。その後、酔いがまわってきたこともあり、警戒心や緊張感が緩んできたのか、口は滑らかになっていった。

業界自体が下火だとかそういうことは僕はわからない。
ただ、需要はすごくあると思うんだよね

——私、新宿2丁目のウリセンボーイにも取材をしているんですけど、その原稿を読んだ人たちが「ウリセンの子たちは明るいよね」ということを言うんですね。「風俗嬢より、病んでいる人が少なさそう」って。それはなぜなんだろう？　ということを考えているのですが。

「そう？　知り合いのウリセンボーイは病んでいたよ。まともだったらすぐに辞めるだろうし、どっぷり浸かっている子はおかしい。そのへんは風俗嬢と同じだと思う。上司に文句を言えたりシカトできる子は病まないよね。相手のことを考えないから文句が言えるわけじゃん。自分の気持ちを優先する子は抱えないから平気でいられる。でも、どうしたらいいんだろうと抱えてしまう子は病んじゃう」

――話がいきなり変わりますけど、好きなお客さんのタイプは？

「変わりすぎ（笑）。なんか芸能人に質問しているみたい（笑）。気づかいのある人かな。もっともっとという人は嫌い。俺、いくつだと思ってるの？　と思うときはある」

――終わってつらさを感じる接客はありましたか？

「AVを経験しているからそれはないかな。ただ、毎回は消耗するよ。本当にこれでいいのかなと思いながらサービスしているし、今、どうしてほしいのかを観察しないといけない。お金をもらうことに責任があると思っているので、この人の願望をどうしたら叶えてあげられるのだろう、どうアプローチしたらいいのだろう。そういうことをずっと考えながら接客をしています」

――でも、素人の男性だと、女の裸が見られて、時にはセックスができて、で、お金がもらえていい仕事じゃんと思っている人は多いですよね。おそらく。

「そう思われて当然ですよね。ただ仕事となると責任はありますからね」

――13年間、出張ホストを続けてきて、この業界って変わりました？ 今の風俗業界は母数が増えないのに、店舗数と風俗嬢が多くなり、過当競争になって単価が落ちているんです。出張ホストはそういうのあります？ 景気に左右される状況というか。

「当然、リーマンショックとかは関係してくるよね。僕もショックになっちゃった（笑）。お客さんの懐に影響が出るところはやっぱり僕らも影響が出ますよね。最終的に消費する部分じゃないですか。風俗嬢のお客さんも減りましたし。ただ、その減った理由が世の経済状況だけでなくて、『出張ホスト』というキーワードが以前より世間に浸透していない気がするんです。僕のＨＰも相当検索しないと出てこないし、メディアも以前のように取り上げてくれないから、仕事自体が目につかなくなってきている。以前と比べて、需要と供給を結びつけるパイプがなくなった気がする。業界自体が下火だとかそういうことは僕はわからない。ただ、需要はすごくあると思うんだよね」

今回、出張ホストという仕事を知るために、’70年代、’80年代、’90年代、’00年代、’10年代の、雑誌記事を収集した。どの時代も「女性向けの性サービス業」が賑わい、「女が男を買う時代がやってきた」といった導入文で始まるものが多い。内容も、そのほとんどが、「おもな客層は主婦、ＯＬ、女社長、風俗嬢など」で、遊び方も「デートのお付き合い、時にはベッドのお付き合いも」と、ほぼ同じことが書かれている。

女が男を買うことは、重ねて言うが、古くは江戸時代から静かにずっと継続されてきたことなのだ。以前と決定的に違うのは、そこにインターネットという情報量のすさまじい文明の時代がやってきて、発信する人が増え、刺激される人も増え、利用者、従事者の数が増加したことだろう。以前より出張ホストの単価が下がったように見えるのは、こういった背景が関係している。そして、メディアも出張ホストを世に知らしめることに貢献した。が、２００６年以降はメディアも自粛傾向にあり、メディアバブルを経験した彼から見れば、出張ホストの存在は雲隠れしてしまった感があるのだろう。とにもかくにも出張ホストとは、いつの時代も女性の欲望を白日の下にひょいと差しだし可視化する職業だった。

ただ、そこには、「性欲」という言葉で単純にわりきれない、女性だからこそ抱える問題もある。

みんな、何か理由があるから来るんです。みんな、苦しいから来るわけで、困っているから来るわけで

私は長きにわたってあらゆる職種の人たちにインタビューをしてきた。その中で、痴漢やレイプと、さまざまな「性被害」について聞かされることがあった。風俗嬢から特に話されることが多かった。同性という安心感からか、唐突に切り出されることが多かった。このことを彼に話していたわけではなかったのに、偶然、彼からもそれに近い話が出てきたので、内心驚いた。

――風俗嬢の利用も多いと先ほどおっしゃってましたけど。

「少なくはないですね。あとは、処女の人。確率的に高いと思います。処女というのは際立ったキーワードの1つですね」

――それは年代だとやはり20代が多いの？　30代、40代とか？

「も、います。50代もいます」

――50代で処女？

「いますいます。生理が上がる前に男性の身体を知っておきたいという」

――多いんですか？　処女の方。

「びっくりするくらい多いです。『なんでこんなにきれいな人が』という人もいますから。きれいな人は子供の頃からきれいなんですよ。となると性的な対象になって、痴漢やいたずらをされたりとかで、男性恐怖症になっている。あとは宗教上の理由とかね。レイプ事案というのはこんなにあるの？　というくらい多いです。それはもう、うちの子が心配になるくらいありました」

あえて彼のお子さんについてふれないでいたが、娘さんがいることがわかった。

――それはトラウマになって、男性への恐怖心が芽生えるということですよね。

「そうです。日本人て自由に生きているから拘束されることに慣れてないでしょ？　自由を奪われることはひじょうにショックなことなんです。誰も助けがないところで、絶対的な力にバッと支配されちゃったら、ものすごい恐怖を感じますよね。そういうことを幼いときに体験したらなおさらだし」

――〇〇さんがそういう恐怖心を取り除き、安心感を与えているということ？

「そういうふうにできればいいなと思いながら対応しています。すべてがすべて成功するわけではないので。向こうも気を張っているし、肉体的コミュニケーションがうまくいかないときもあるし」

——女性たちは、「脱処女をしたい」と思っている？　それとも「男性への恐怖心」を取り除きたいと思って来ている？

「両方います。男性恐怖症だった人は男性への恐怖心を乗り越えたいという人もいるし、そうでない人は、残された人生を考えて、女として、人として自信を持ちたいと思っている。それは傍から見たら小さいことのように見えて、ものすごく大きなことなんです」

——なるほど……。処女の方の割合ってどれくらいですか？

「たぶん……3割くらいかな。そういう方は年単位で長く指名をしてくださるんですよ。新規ベースで考えると3割くらいですかね。常にそうなのかなと思うようにしています」

——そうなんですね。そういった事情を持つ女性もいるんですね。セックスレスが原因で利用する女性はいますか？

「いないな。いないです。セックスレスになるのはいろいろな原因があるわけです。このまま女として終わってしまうことへの不安や恐怖心、虚無感、女を取り戻したいという感情が芽生えて僕のところに来るというのはあります。必ずなんらかの感情が芽生えている。体が疼いてやりたくてたまらないというのは、フィクションの世界の話です」

――お聞きしていると、女性のかけこみ場みたいな感じですよね。

「みんな、何か理由があるから来るんです。みんな、苦しいから来るわけで、困っているから来るわけで」

――〇〇さんのアピールポイントとしては、まず、心をほぐしていって、解放まではいかないとしても、依頼者の期待に応えられるようにしているということですよね。

「前に、当時の出張ホストでトップだった人に『そんなことをしていたら、身体がもたなくなって倒れちゃうよ』と言われたことがあって。その人は非日常体験というか、華やかさを売りにしていた。でも僕は、日常のサポートなんですよ」

――カウンセラーみたいなものですよね。

「うん」

'90年代の週刊誌記事で、当時の人気出張ホストが店名に「クリニック」という単語を入れていた。この男性も「そりゃボクは相手の女性とセックスして2時間2万円いただいているから、出張ホストといわれればそうかもしれません。でも、ただ寂しいから、カネを出すからしてというお客さんは、今はそういないんですよ。（略）カウンセリングをやりながら、彼女たちの心を裸にしてあげるのが、今のボクの仕事なんですよ」（「週刊大衆」1991年4月29日号）。

昔も今も、女性は疼き、抑えられない性欲のためだけに出張ホストを呼ぶわけではない。その中身はそれぞれ違えど、ひとりでは埋めようがない隙間をふさぎたく、身体中から叫びをあげているのだ。それを受け止めるのが出張ホスト。そんな出張ホストの性行為を違法行為と冷ややかなまなざしで切り捨てるのはたやすいことだが、私たちは、絡まり合った糸のように複雑な世界で生きている。

彼は、誇り高き出張ホストとして、女性たちの心の叫びを受け止めている。

役に立ったと思えることが自尊心を助けるというか、潤してくれるというか

――女性の気持ちって難しいですよね、男性から見たら。

「難し〜いですよ（気持ちをこめて）。高級店ナンバー1のソープ嬢が言っていたんですけど、『長時間、ほぼ精神労働だよね。私は目をつぶって男が勝手に済ませてくれるのを待つだけだから』って。『女だから女のことがわかるけど、面倒くさいことを1日中

やっているなんて、自分にはできない』と」

――箱ヘルにしてもデリヘルにしてもソープにしてもピンサロにしてもＳＭにしても、風俗嬢の場合はその空間で演じていればいいけれど、出張ホストの場合、泊まりもあるからいろいろなことに気を使いそうですよね。自分のわがままを言ったり自己主張してもいけないし。なかなかストレスがたまりますよね。

「2泊、3泊というのもありますからね。でも女の人は優しいです。それに長く続く人は、僕のわがままを聞いてくれるので」

――でも、やっている内容に対して報酬が見合っていない気分になりませんか。私だったらそう思うかも。

「ぎりぎりだけど、なんとか足りている」

――出張ホストって儲かりますか？　と質問されたら？

「儲かりません（笑）。１００％この仕事は稼げません。有名な事務所に所属している人は儲かっているかもしれませんけど、ごく一部だと思います。僕のやり方で営業していたら絶対に儲かりません」

――では、「出張ホストをしたいんです」という男の子がいたらなんてお答えします？

「やめたほうがいいよと言います。若ければね、時間があるんだからほかのことをやったほうがいい。追い詰められていないなら違う仕事をしたほうがいい。いろいろと不安定だからね」

――でも、何度もリピートする「太客（高額を使う客）」っていらっしゃるんじゃないですか？

「いましたよ」

――そういう太いお客さんから結婚を申し込まれたこともあるのでは？

「僕はそういうスタンスをまったく持っていない。言えないようにしています。だから賢い人は言わない」

――太客と結婚した出張ホストもいらっしゃいますよね？

「うん、いるね」

――そこで結婚していれば、お金に困らない生活ができたしも考えられますが。

「うん。でも自分の損得で得を取ろうとは思わない。それ以上に俺の場合、生きている役割がほしい。役に立ったと思えることが自尊心を助けるというか、潤してくれるというか。そこなんだよね。彼氏でも旦那でも友達でもできない、そのことを出張ホストというポジションにいる俺だからできる。そこに自信があって、それが自分の自尊心にもなっている。だからリピートしてくれるとすごくうれしい。リピート率は7割ぐらいかな」

——お客さんと恋愛関係になったことは？

「ないです。生活の糧を得ないといけないのでそれはない。ただ、友達のように本当に思っているし、真剣に、どうしたらこの人が幸せに感じるのか、楽な気持ちになれるんだろうかを、友達以上に考えている気がします。それが僕の役割だと思っているので」

——お客さんから、僕のことを恋愛対象としてみているな、と感じることはあるのでは？

「ありますよ。矛盾するんですけど、そういう感情がないと続かないし。処女の方が長く呼んでくださるのは、恋愛がどういう感情になるのかがわからないので、長くいい関係でいられる。ただ、恋愛してきている人だと、自分のものにしないと気が済まない状況になる。恋愛感情って結局、独占欲ですからね。だからそういう感情を感じた時点で『それは無理だよ。そういうふうにできないよ』と伝えます。マイナスのメッセージを発信するしかないですよね」

役に立たないなら
この世にいなくていいと思っているので

――辞めたくなるときってありますか？

「いっぱいありますよ」

――それはどういうとき？

「なんだろう、まだ、生きるということに貪欲で、自分の可能性をかけたいとか野心があった頃は、このままやってらんないなとは思いましたけど。やっぱり自分の将来を考えたらね。あとは、なんだろうなぁ……人がまとめて去っていくときですよね」

――去っていくとは？

「僕は卒業と呼んでいるんですけど、『以上になります』というときがあるんですよ。これまでのペースから、倍ぐらいのペースが空いたとき、僕からメールを送るんです。『元気にしてるの？　しているんだったらいいけど』みたいな。そのメールが戻ってくるときがある。それが重なったときは、もういいかって、やってらんねぇよってなる。卒業するなら『バイバイ』の一言でいいんです。『ありがとう。おかげさまで結婚することになりました』とか『子供ができた』とか『彼氏ができた』とかね。そういうことで卒業していった人もいますけど、3年も4年も会っていたのに、突然バサッと切られますから」

――せめて一言何か言ってくれればということ？

「そうそう。こちらとしては真剣に向き合っていたからね。そういうことが続くと、辞めたいなと思いますね」

――自分が努力して築いてきた関係に対して、そういったリアクションをされるとむなしさを感じると。

「そう。むなしくなるときがあります。お金で出張ホストを買ってむなしくならないのかと世間は女性に言うかもしれないけど、出張ホストもむなしくなるときがあるんです。ただ、『おかげさまで彼氏ができました』とか言われたときは、うれしくてしょうがないです。もう泣けますもん。お父さんの気分」

――俺から羽ばたいてくれた、みたいな？

「そう。金八先生の気分。『あの問題児が卒業か。良かったよ』みたいなね」

――その後に利用がなくても「子供が生まれました」とか、そういった連絡もあるんですか？

「ありますよ」

——それはちょっとうれしいですね。

「そう。年を取ってくると情が厚くなってくるのでね」

——いつ頃まで続けようとか、考えてます？

「まったくないです。計画なし。誰もいなくなったら終わり」

——お客さんが切れるまでやると。

「そう。切れたときにどうするかは今は考えてないです。本当は考えないといけないんですけど、考えると頭抱えちゃうんで。そのときが来たら考えます」

——将来の夢は？

「ないです（即答）。ただ、動物がいますんでね。犬がまだ2歳。あとは猫とうさぎを飼ってます。犬はペットショップにいたけど、処分されるとわかっていたので買った。遺伝病をもっていたので」

——助けたわけですね。

「もう出会っちゃったからしょうがないですよね」

ここまでで中ジョッキの生ビールを2杯飲み、オーダーしたフライドポテトを完食。1日1食と話していたが、もしやこのポテトで今日の食事は終了？　と少し心配になったものの、そこにはふれずに話を進めた。

――このあと、もしかして予約が入ってます!?

「いや、なんもないのでハプバーにでも行こうかなと」

――あ、そうなんですね。おさかんですね（笑）。

「違うんですよ。ハプニングバーとかで同性としゃべらないと、男性と話す機会がないんです。いろいろあって早い時期に地元の友達と会わなくなったので。大人になるとそうそう友達もできないし。だから男友達はいないです。酒を飲みに行こうなんて人もいないです」

――孤独ですね。

「孤独ですよ。両親ともわけあって縁を切り、10年以上が経ちましたから。だから犬を飼ったり猫を飼ったり」

――動物に走ったんですね。

「動物への愛が止まらないんですよ、僕。ただ、そのエネルギーがあるからお客さんに優しくできるのかなと思います。真剣になれるし。お客さんが友達みたいな感覚なので」

――〇〇さんにとって、出張ホストという仕事があって良かったですか？

「うん、良かったと思います。僕でも役に立てることがあったので。役に立たないならこの世にいなくていいと思っているので。一種、自分の命に対して投げやりなところがあるんです。がん保険とかも無駄だなと思って解約しちゃいましたもん。人一倍、雄として見たときに、女性の経験数も多いし、雄の憧れるAV男優もやりました。ホストもやりました。会社の社長にもなりました。結婚もして子供もつくりました。家を建ててないくらいで、あとは全部経験したからいいかなって。でも、誰かの役に立っている以上、頑張って生きようかなと思える」

――風俗嬢と同じですよね。サービスを提供しているように見えて、お客さんからの「ありがとう」ですごく満たされる。誰かのためになっているという実感ですよね。こういった話になると出てくるワードですが、承認欲求が満たされ、自己肯定感が高まるということですよね。味気ない言い方になりますが。

「評価されたいんだよ、みんな。評価はリピートとなって返ってくるから。女性の性質として『この人ならわかってくれる』『この人じゃないと駄目』というのがあるから、俺は出張ホストとしてなんとか続いている。俺もそれにこたえたいし、相手の信頼以上に返したい。そこはプライド」

――与えたいんですね。

「うん。そうだね、簡単に言えばそうかもしれない。お金をもらっているんだけど、それ以上に与えたいの」

――先ほども言いましたけど、カウンセラーみたいな感じですね。

「そう。カウンセラーでありセラピスト。エロい感覚はほぼない。だから俺の中にあるものはなんでも持っていっていいよと思うし、そこは出し惜しみなく全部出す。なんなら俺が庭でつくった作物もあげるし（笑）」

一度手にした家族を手放し、彼の孤独が引き寄せたのは人への愛情なのだと思った。そして自分の持てるすべてを惜しみなく顧客に注ぐことに生きがいを見出した。それを代償行為の一言で片づける人もいるだろう。言葉ではそう回収することができても、割り切れない日常をぐずぐずと生きるのが私たちだ。

必要とし必要とされ、個室で営まれる2人だけの関係が、性産業を長きにわたって支え、これからも続けられていくのだろう。

「仕事していくうえで、本番とか、そこについては気を使っています。警察に連絡されたら困るので」

性感マッサージをメインに活動する、物静かな癒し系［31歳］

2006年の改正風営法施行をさかいに存在感が薄れていった出張ホスト。その理由としてメディアが取り上げなくなったことが真っ先に挙げられる。紙媒体に関しては調べたかぎり、2000〜2007年までに記事化された回数は年間2桁だが、2008年以降は1桁どまりだ。

私は2005年に、当時の売れっ子出張ホストを取材している。3カ月先まで予約で埋まっている人気者。彼のHPを見れば、オスのフェロモンがこれでもか！　と放たれた写真があり、寸分の狂いもない〝おしゃれ〟なカジュアルファッションに身を包み取材場所へ現れた彼は、やたらと人の目を引くところがあり、そんな部分に、これぞ魔性の魅力、と、その人気にやけに納得したものだった。ヤリチンで学生の時から乱交パーティーにさかんに顔を出し、身に付けたテクニックを活かし出張ホストへ……と、それまでの経緯をけだるい感じで淡々と話していたのだが、その取材で「出張ホスト＝ヤリチンのテクニシャン。それを駆使して女性客を満足させている＝女性客との性交渉ありきの仕事」という大前提が脳内に刻印されてしまった。しかし、このあと登場する２人の出張ホストにより、それは面白いように崩されていった。と同時に、出張ホストほど名称やプレイ内容を含め、定義が曖昧な性風俗はなく、それには２００６年の風営法改正厳罰化をきっかけにそうならざるを得ない、時の事情が絡んでいることがわかってきた。

今回登場する彼は31歳の出張ホスト。厳密にいえば、「性感マッサージ」がメインの出張ホストだ。性感マッサージがメインの出張ホストってどういうこと!?　すでにこの時点で私は混乱した。できるだけ多くの出張ホストサイトを眺めてみると、①顧客とのデートの中に「性感（またはアロマ）マッサージ」を入れているホストもいたし、②「デートコース」と「性感マッサージコース」を分けているホストもいたし、③「性感マッサージコース」だけのホストもいた。その中には「本番行為はしません」という文言を掲げているサイトもあった。彼は②のパターンだ。マッサージ師でもあり出張ホストでもあって、呼ばれ方は本人が決める。出張ホストとはフレキシブルな仕事なのだ。

「自分では性感マッサージ師だと思っています。デートもしているので出張ホストと違うとも思いませんけど」

マッサージをメインにしているのには何か理由があるのかを聞いてみた。

「デートよりマッサージのほうが自分に向いているというか。デート、僕、あまり得意ではないんですよ。それに昔から、女性の感じている顔を見るのが好きなので」

出張ホストのイメージが良くないので、あえて性感マッサージを前面に出したＨＰづくりをしているのかと思ったら。

「あ〜、そういう感じでは特にないです(笑)」

出張ホストという仕事の存在は知っていたの？

「はい、そうですね。知ってました」

彼は、積極的に話すタイプではない。こちらが時間を気にするあまり、早口でまくしたてるような口調に対して、彼の返答はすごく短いセンテンス。テンポもゆっくりのんびり。雰囲気も、草食系という言葉は彼のためにあるのではと思わされるような男性だ。肉食系のむんむんとしたフェロモンを放出させてこそが出張ホストと思っていたので、性の香りが漂うか否かの際どい出張ホストの登場に、取材目的を忘れそうになった。が、ガツガツしてなさそうな優しい雰囲気に、安心感を抱く女性もいることだろう。男性に恐怖心を抱いている女性に彼はぴったりだと思う。そんな彼の幼少時代からさかのぼってみようと思う。

こういう仕事をしている人って、バリバリその場を盛り上げる感じの人が多いイメージ

「けっこう静かな人でしたね、僕は。物静かな感じで、小学校、中学校のときは全然しゃべらない人でした」

関東のある都市で生まれ育った彼は、両親と彼との3人家族。その後の人生に影響を与えるような出来事も特になく、すくすくと育った。「全然しゃべらない人」と振り返った幼少時代だが、そのしゃべらなさ加減が想像を超えていた……。

「友達はいて、一応遊びに誘ってくれるんですけど、ほとんどしゃべらないみたいな(笑)」

――友達なのに？(笑) いじめられていたわけではないですよね？

「そういうわけではないです。学校にひとりぐらい全然しゃべらない子っているじゃないですか。たぶんあれでしたね(笑)。中学でサッカー部に入ってからは、急に『かわいい』って人気になりだして、それからちょっと変わりました」

――女子から「かわいい」って？

「女子からも男子からも。ちょっと人気になりはじめて、少しずつ話すようになりました。それで高校生になって初めて彼女ができたんです。そこで人と話すことの楽しさをやっと初めて知った感じです」

――彼女と話すのが楽しかったということ？

「もう、人と話すことが」

――彼女と話すようになって、人と話すことの楽しさを知った(笑)。

「そうです(笑)。それからは普通というか、ちゃんと話すようになりましたけどね」

――成績表とかに、〝もう少し積極的になってほしいです〟みたいなことを書かれるタイプ？

「そんな感じでしたね」

――そしたらあまり感情を見せないというか、怒鳴ったりする性格ではない？

「ないですね」

――どうです？　駅員さんとかに怒鳴ったりしている人って男性でよくいますよね。

「なんだろなというか（笑）。よくわかんないですね、ああいう人たちは」

――では昔から癒し系だった？

「そうですね」

――今も癒し系ですものね。お客さんに言われたりしませんか？　〝癒し系ですね〟って。

「なんか言われますね」

――静かですし。

「昔から空気が違うと言われます」

――マイナスイオンみたいな？

「違う空気が流れてるって（笑）」

――真面目そうな感じがします。

「真面目なのかな。どうなんだろう」

――ギャンブルとかもされなさそうな。

「一時期、友達に連れて行かれて、パチンコはちょこっとだけやってましたけどね」

――ハマりもせず？

「せず」

――お客さんと話してるときも今のこのテンションですか？

「そうですね。だからたぶん珍しいのかなと。けっこうこういう仕事をしている人って、バリバリとその場を盛り上げる感じの人が多いイメージ」

――なんとなくそういうイメージがありますよね。あと、肉食系の男性とか。でも今拝見していると、ガッツリ（セックスを）やりまくりますというタイプではなさそう。特にヤリチンだったということでもなく？

「なく」

――付き合ったら長いほう？

「ですね。初体験も20歳ぐらいですもん、僕」

――けっこう遅いほうですよね。20歳。

「遅いですね」

――高校のときの彼女とはやらなかったんですか？

「やんなかったですね」

――会話だけしていた？（笑）

「そうですね（笑）」

――真面目なお付き合いだったんですね。……マイペースだとか言われたりしませんか⁉

「マイペースですね、かなりの」

――流行とかにも左右されない感じ？

「どうなんだろう。でも試してはみますけどね。『君の名は。』も見ましたし。そのへんは一応押さえておこうかなという」

――『君の名は。』どうでした？

「すごく楽しかったですね。自分、その後、小説も買っちゃいました」

――私、まだ見てなくて。

「あれは見ておくべきです」

さらさらと小川のせせらぎのように一定の強弱を保って話していた彼が「見ておくべきです」と主張してきた映画。見に行こうと思ってまだ見に行けていない（その後、見る機会どころか、監督に取材する機会に恵まれた。彼の「見ておくべきです」という言葉の意味がよくわかる素敵な作品だった）。

自分もびっくりしたのが、主婦の方が多いということです

この仕事を始めて約1年。それまでサラリーマンだった彼が出張ホストを始めるまでの経緯を彼は用紙にまとめてきた。カラオケボックスでの取材だったのだが、入室して間もなく「うまく話せるか自信がなかったので」ということでクリアケースに入ったA4判の用紙を私に渡してきた。ぼちぼちと質問を始めると緊張からか、冬だというのに汗ばんでいる彼。取材を受けるのが初めてということもあって、かなり緊張しているようだった。

用紙に書いてあったことはこうだ。

税理士を目指して一般企業で経理職をしていた彼は、試験に合格することがなかなかできずにいた。その頃年下の営業マンが自分より倍以上の収入を得ていたことに憤りを感じていたこともあり、一度生き方をリセットすることに。このまま普通のサラリーマンで終わりたくない、そんな思いがあった。それで以前「レンタル彼氏」サイトに1万5000円を支払い、登録していたことを思い出す。一度も仕事が来ないまま登録期間は過ぎていたが、逡巡したあとに、性感マッサージとデートをする出張ホストになることを決意。

「女性の社会進出や自立・晩婚化の流れのなかで、今後、このようなサービスが流行るのではないか」

「この仕事なら自分ひとりだけでも始められるのではないか」

もともと独立志向が高く開業に関心があり、書類を扱うことには経理職で慣れていたので、風営法にのっとり開業の届け出も難なく済ませた。その後に会社を退職し、独立。現在に至る。しかし、最初の3〜4カ月はまったく予約が入らなかった。

——その間、不安でしたよね。

「そうですね。でも、始めた頃はHPの見せ方がちょっと良くなかったので、試行錯誤していったら予約が入り始めて、そこからはわりと順調に来ています」

ここからざっと仕事内容にふれていこうと思う。まずはデートコースについて。

――デートコースもありましたけど、デートの依頼はありますか。

「たまにあります」

――デートコースのときは純粋にデートだけでホテルには行かない？

「行かないですね」

――デートコースは月に何件ぐらい入りますか？

「月に3件くらいですかね。定期的に入ってきますけど、ほぼ性感マッサージの予約です」

――デートだと会話が中心になるので、イメージ的に大変そうな感じがしますが。

「そうですね。難しい話をされたらわからないですしね（笑）。デートは1時間から予約ができて1時間単位で延長ができます。だいたい皆さん、3時間の予約ですね。多くて6時間とか」

――6時間！　長いですよね。6時間も何をするんでしょう。ホテルへ？（誘導尋問しているつもりはない）

「ホテルは行かないです（笑）。買い物に付き合ったり、映画を見たりが多いですね。あとは美術館とか」

――ここから性感マッサージコースについてお聞きしたいのですが、男性が女性にサービスする性感マッサージは、どのような流れになるのでしょうか？

「駅などで待ち合わせて一緒にラブホテルへ行くか、主婦の方だとビジネスホテルに最初に入ってもらって、あとから僕が入室する感じです。それで『はじめまして』となり、これを読んでいただきます」

このとき、会ったときから大きさが気になっていたデイパックのファスナーをあけ、ラミネート加工された用紙を取り出した。【本番行為・キス・クンニリングス禁止】という文字が真っ先に目に飛び込んできた。

――これ、撮ってもいいですか？　覚えられなくて。これを見て女性は「あれ、本番できないの？」とか言いませんか？

「最初にメールが来た時点で、本番についてはできませんと言ってあるので」

――（アロマオイルの一覧表を見て）オイルの数、こんなにあるんですね。ご自身で勉強されたんですか？

「そうです。自分だけの色を出さなきゃなと思って」

――（「施術の流れ」用紙を読んで）シャワーへ行ってもらって、マッサージはうつぶせから始まり、最後はおもちゃを使うんですね。乳首はさわったり口に含んだりはするけど、キスはしない、クンニもしない。粘膜への口腔接触はしないと書いてありますね。これ、いわゆる手マンや指入れみたいなことはしないんでしょうか!?（笑）

「あ、そうですね。します（笑）」

――手マン、バイブでフィニッシュなんですね。でも、ぶっちゃけ、本番したこともなくもないですよね？

「本当に初期の頃はリピーターになってほしいがためにしていましたけど、今はまったくしないですね」

――本番をしてリピートする人はいました？

「いました。リピーターにならない人もいました」

――誘えば本番してくれると思ったらそれがない、という感じのクレームがついたことは？

「それはないです」

――へぇ、そうなんですねぇ。

「それに男性って、1日に何回もできないじゃないですか？　というか、できないんですよ（笑）。本番をしてしまうと、1日3件とか予約が入ったときに体が続かないと思うんです」

――お客さんはマッサージだけで満足されるんですね。

「そうですね。癒しを求めてる人がほとんどです」

――で、終わったらシャワーを浴びて。

「はい。そしてトークをして、ホテルを一緒に出て道案内だけします。主婦の方は見られたくないというのもありますから」

――主婦の方はけっこう多いですか？

「多いです」

――独身と既婚者の割合はどれくらいですか？

「半分ぐらいずつだと思います。自分もびっくりしたのが、主婦の方の利用が多いということです」

「出張ホスト＝本番ありき」から自由になれない私は、このあとも幾度となく、本番の有無について食い下がった。彼はいやな顔を見せることなく「していません」と穏やかに話した。性行為ありきが前提のもと記述されていた記事も、２００６年から徐々に性行為の有無については曖昧になっていき、ここ数年では、「性感マッサージでセックスをする（誘ってきた）失礼な出張ホストがいる」という内容さえ、ネット上で散見されるようになってきた。異性愛者（男×女）の売買春＝違法。法令遵守（コンプライアンス）という言葉を耳にするようになってひさしいが、加速度的にこの言葉の浸透具合が実感できる。ＳＮＳで誰もが気軽に発信できる時代、ネガティブな情報を流されたら命取りになる。その時代の風潮に合わせ、出張ホストという仕事は生き残ってきたのだ。近年性感マッサージが台頭してきたのも、本番を回避するための策だったのかもしれないと思うようになった。

ちなみに「女性向け性感マッサージ店」に限定すると、調べた範囲では、１９９５年に池袋に存在していた。料金は2時間2万円、サービス内容は「シャワー→通常マッサージ→性感マッサージ→全身リップ（全身へのキス）→局部攻め（指やおもちゃで本番なみの快感を与えますと書いてあった）」と偶然にも彼のサービス内容とほぼ同じだった。「記者の体験でいえば、そこまでされたら、ガマンできず本番を求めるが、女性たちは求めないのだろうか⁉」と、１９９６年当時の女性記者も、２０１７年女性ライターの私と同じ感想を抱いたようだった。その記事のマッサージ師はこうコメントしていた。「うちはあくまでも性感マッサージの店ですから……。本番ということになりますと、客としてではなく大人の付き合いということで……」（「週刊宝石」１９９６年2月1日号）。

最後の「……」の意味ありげな感じはきっと……。

早漏だったのでプライベートでは前戯という部分をめちゃくちゃ重要視していました

彼を指名する女性は下は20代前半から上は50代後半まで。「30代半ばぐらいが一番多いですね」とのこと。職業に関しては美容師、公務員、ＯＬ……と「本当に多種多様です」ということだ。

――いろいろな方が利用されているわけですが、利用される理由も聞いているのでしょうか。

「そうですね。主婦や彼氏持ちの人は、マンネリ、あとは全然（セックスを）していないとか。なかには頻繁にしている人もいるのですが、あまり気持ちよくない、痛いだけで終わってしまうとか。それで、そう感じてしまうのは自分が悪いのでは？　と思う人もいて。ようは自分が不感症かと心配になって、それを確かめに来る人もいますね。そういった性の悩みを抱えている人もいらっしゃいます」

——セックスに関する悩みがあって来ている。

「そうですね。あとは独身の人は仕事が忙しくて出会いもない。でも、欲求不満で、寂しさもあるし、だから癒されに来る人もいます」

——その寂しさとは肉体的な寂しさ？

「肉体的と精神的とどちらもだと思います。あとは稀ですけど、処女の方もいます。男性と手を握ったこともない。男性にさわられるのがどういう感じなのかを知りたい方とか」

——処女の方って多いですか？　前回取材した出張ホストさんは、処女のお客さんが一定数でいると話していました。なかには性被害にあって、男性に恐怖心を持っている人もいるそうです。

「僕の場合は処女の方は3人ぐらいですかね。自己申告してきます。手さえ握ったことがないということで。とても内気な性格な方が多いですね。性被害にあったとか、そういう方はいませんでしたけど、僕に話さなかっただけとも考えられますね」

――ところで不感症の人が来て、本当にイクんですか？　って、変な質問ですが（笑）。

「人にもよりますね。自分もそこはもっともっと改善していかなければと思っています」

――サービスが終了して、皆さん「気持ちよかったです」とかおっしゃるのでしょうか？

「言ってくださる方もいれば、ずぅっと恥ずかしそうにしている方もいます」

――女性の裸を見るとやはり興奮するのでは？（笑）

「1年でだいぶ慣れてきました」

――女性でこういった風俗で遊び慣れている人の中には、男性の勃起しているところが見たいという人がいると思うんですね。そういうリクエストはなし？「見せて」とか言う人はいない？

「いないですね」

――触ってきたりもしない？「今、どんな感じなの？」みたいな。

「触ってくる人もいますけど、なるべく遠ざけるというか（笑）」

――ガシガシと「ちょっとどうなってんのよ。見してよ！」みたいな。そこまで露骨に言う人はいないでしょうけど、「ちょっと見たいなぁ」とか。

「いないかな。いるか。そんなに多くないけど、たしかにいますね」

――変な話「舐めさせてよ」とか言われません？

「前はありましたね」

――ですよね。昔から出張ホストを利用している女性だとそういう性的なものはマストなので、それは言うと思うんですよね。そういうリクエストが少しだけあったと。

「そうですね。前はたしかにありましたけど、ちゃんと禁止事項を全部載せてからはなくなりました。やはりそこは自分も怖いところなので。これから仕事していくうえで、本番とか、そこについては気を使っています。警察に連絡されたら困るので」

――じゃあ本当にエロエロしいものを期待している人は、そもそもこちらは利用されないということですよね。自由恋愛という名のもとで、セックスに近しいプレイができるところへ遊びに行く。

「そうですね。うちはがっつりしたエロをするわけではないので」

――ほかに何かありますか？　女性が抱える性の悩み。

「男性ってAVのまねをしてセックスしている人が多いようなんです。でもあれは見せるためのパフォーマンス的なプレイなんですね。だから痛いのにそれが言えなかったり、気持ちよくないけど演技している女性が多い。そう話すお客さんが予想以上にたくさんいるのでびっくりしたというのはあります。AVの影響を受けすぎの男性が多すぎる」

――でも、それを言えない女性が多いと。○○さんは、AVの通りにやれば女性は気持ちよくなるだろうと思っていたタイプ？

「いや、けっこう自分、いくのが早かったんですよ。早漏だったのでプライベートでは前戯という部分をめちゃくちゃ重要視していました。だから彼女と研究していたんです。その彼女とは6年ぐらい付き合っていました。長い付き合いだったからこそ、そういう面でもいろいろ研究したというか。だからプライベートでもゆったり系というか、優しい感じのセックスをしていました」

――でも多くの男性はAVの影響で激しいプレイをするから、女性はセックスに不満を持っている人が多い。

「そうですね」

——実際にマッサージを受けて、「快感を味わえました」とか、そういうことを言われることはありますか？

「『こんなに優しくされたのは初めて』という声はよく聞きますね」

——そのセリフが出てくるということは、普段、すごく雑だったり、優しさが感じられない自分本位なセックスを男性がしているということですね。

「だと思いますね、たぶん」

前述の1996年の記事には、夫とのセックスでイッたことがないという悩みを明かす主婦が登場していた。「私をイカせてくれる人をお願いします」と性感マッサージ師を指名する記述がある。今も昔も快感を知らない女性がいることがわかる。夫や彼氏とのセックスで充足感が得られない女性は、この先の人生で快感を知らず生きていくことに、絶望に近い感情を抱くのだろう。だからこそ、あと腐れのないお金で割り切れるプロに、性の不足分を補ってもらおうとする。

——私、今までに風俗嬢のインタビューをしていたのですが、多くはないけれど、「こんな仕事をしていたら親が泣くよ」というようなことをお客さんが言うようなんです。

そういうこと、言われた経験ありますか？

「いや、ないですね」

――男性ってなぜ言いたくなるのでしょうか？

「ストレスじゃないですか（笑）。なぜなんだろう。男性は経験人数が多いのはステイタスになるけど、女性で経験人数が多いと『あれ？』となる。なんでそうなるのか素朴な疑問ですよね」

――風俗嬢も指名を取るのにいろいろ工夫をするわけで、大変な部分もあると思うんですよ。男性にとっても性的なお仕事って大変ですか？

「大変なのかな。自分はそこまで大変だと感じたことはないですね」

――セックスワークに対する偏見はもともとなかったタイプ？

「そうですね。でも、世間の風俗嬢に対する見方と、風俗で働く男性への見方が違う気がします。自分、周りの友達に仕事のことを話しているんですよ」

――どういう反応が返ってきます？

「95%は『バイトさせてくれ』って言ってきます（笑）。『いいなぁ、紹介してよ』とか。『もっと忙しくなったらね』と答えます」

——女性が風俗の仕事をカミングアウトしたときに「いいなぁ、私にも紹介して」とはならないか。

「そうそう。そこは違うなと思って」

——女性は風俗のことを話すと驚かれることが多いのに、〇〇さんは仕事のことを明かしたときに、周りの人にうらやましがられる。この違いって何だと思います。

「んー……」

——ちなみに女友達に、性感マッサージのことは言ってありますか？

「仲がいい人には言いましたね」

——そのときの反応はどうでした？

「どうだっただろう。なんかめっちゃ質問されました。『いったい何をするの？』みたいな。それで説明して」

——そしたら？

「『へぇ～、そうなんだ』って。嫌悪感とかそういうのはまったくなかったです。純粋に仕事内容が知りたかったみたいでした」

――女性が風俗のことを男性に話して「へぇ～、そうなんだ」となるかどうか。ちなみに友達に仕事のことを隠さないでいるのは、隠す必要がないから？

「だと思いますね。たぶん後ろめたさというのが自分のなかにないんですよね」

――ちなみにお客さんに偏見に満ちた言葉を言われたことはあります？

「それはないですね」

――まったく？

「はい」

――総じてお客さんはいい人ばかりだと。泥酔客とか、まあ、酔っ払ってマッサージに来る人はいないか。お風呂にも入ってなさそうな人とか、シャワーを浴びるのを嫌がる人はいない？　男性客にはそういう不潔な人が時々いるようなのですが。

「いないですね。みんな清潔感のある人しか来ないです」

――女性ならそのあたり、ちゃんと気を使ってくるのでしょうね。

「このサービスを受けたい人って、男性を普段から意識している人がほとんどだと思うんですよ。だから、そういった人は来ないですよね」

女性セックスワーカーと男性セックスワーカー。性的サービスを提供するのは同じなのに、利用者のこの違いはどうしたことだろう。そしてマナーの違いが浮き彫りになりました……。

安定を求めるならサラリーマンのほうがいいとは思いますね

――月収ってサラリーマンのときより多いですか？

「多いですね」

――この仕事を始める前の予想より、上回っています？

「もっといけるかなと思ったんですけど、ちょっと違うのかなって。でも、これからもっと増やしていきたいと思っているところです」

このあと具体的な収入を教えてもらった。事情もあり詳細は出せない。

――私、もっと稼いでいるのかと思っていました。

「そうですか。初回が1万円なのと、プラス交通費でやっているので。そのうち値上げをしようかとは考えているんですけど」

――3時間マッサージをして、お話などもして、やっている内容に対して金額、報酬は見合っていると思いますか？

「見合っていると思いますね。けっこう自由な時間も増えましたし。そんなに苦には感じていないので」

――会うまでのメールのやり取りも必要になりますよね。

「そうですね」

――そういうやり取りは面倒に感じない？

「面倒に感じないですね」

――辞めたくなるときはない？

「今のところはないです。順調に来ているなと思いますし。ただ、口コミで悪い評価が3件くらい続いたときは、さすがに落ち込みました。女性向けの掲示板があるんですよ。お客さんの口コミがけっこう入っているので」

――風俗嬢でいう、ホスラブとか爆サイですね。男性版もあるんですね。そこは男女問わず、セックスワーカーがへこむ原因になると。掲示板って怖い存在ですね。話、飛びますけど、今お付き合いされている方は？

「いないです。結婚もしていないです。こういう仕事をしているとなかなかできないと思います。自分の性格的に隠し通すこともできないし。言ってしまうか、もしくはバレてしまうか。だから仕事のことを理解してくれる人でないと難しいというか。まず、そういう人がいるかどうかですよね」

――長く交際していた彼女とはどういう理由で別れたのでしょう？

「向こうは結婚したかったみたいですけど、自分は仕事のことで悩んでいたし、全然結婚を考えられなくて。結婚というところの意見の食い違いです。それで、向こうが待てないと」

――「もう将来が見えないから別れましょう」と彼女が？

「そのときは自分から言いました。ふっちゃいましたね」

――結婚が考えられないと男性から言われたら、女性はそれ以上、何も言えませんよね。ところでもし、男性から「出張ホストや性感マッサージって稼げますか？」と言われたら、なんと返事しますか？

「稼げますか……。稼げるとは言えないですよね。でもそこは人によるので。自分はそんなに稼げていないと言いますね」

――「僕もやってみたいんです。マッサージ上手だし、おしゃべりも上手だし」とか、言われたら？

「んー、なんて言うかなぁ。おすすめはしないかなぁ。こういう仕事って、年齢が高くなるとできないですよね。人気商売で、収入的に超不安定なので、安定を求めるならサラリーマンのほうがいいとは思いますね。安定を求めないならやってみれば、とは言いますけど。けっこう自由が利くし」

ちっちゃめです。でも人によってはこれでも『大きい』という方はいるんですよ

待ち合わせた駅で登山に行くようなデイパックを背負って現われた彼。デリバリーヘルスといい、出張系の仕事は男女ともに大荷物になってしまうらしい。

――登山に行くかのようなデイパックですよね。

「そうなんですよ。めっちゃ荷物が多いんですよ」

――デリヘル嬢もすごく荷物が多いけど、男性も荷物が多くなるんですね（笑）。

「あ、そうなんですか（笑）」

アロマオイルの説明を聞こうとしたときに、仕事道具のバイブレーターをおもむろに取り出した彼。

「これを使っているんです。これぐらいの大きさで、動きは振動タイプで」

ここでバイブに電源が入り、静かなカラオケボックスにバイブの振動音が響いた。

〝うぃ～～～～～～～ん〟と。アロマの良い香りのなかでバイブの振動音を聞く。α波とβ派の混在している空間。そしてバイブのサイズが……。

――けっこう小さいですね。

「そうですね。ちっちゃめです。でも人によってはこれでも『大きい』という方はいるんですよ」

「ええ～～～～っ」と純粋に驚く。なぜなら本当に思慮深いサイズだったからだ。なかにはこのバイブを使わず、手マンだけで満足する人もいるということだった（と、普通に手マンと書いていますが、手マンの意味、ご存じでしょうか？　調べていただければ……）。

――今後もしばらくこの仕事を続けるご予定ですか？

「そうですね。いつまでかは決めてないですけどね」

──ちなみに過去に取材した風俗嬢に、自分をすり減らして仕事をしているという女の子がいたんです。そういう意識はありますす？　すり減らして接客をしている感覚。

「いや。自分をすり減らして？　どういうことでしょう？」

──精神的に削られていくような感じでしょうか。

「それはないですね（笑）」

──クンニや本番をしていないのも関係しているのでしょうか？

「ですね。乳首は舐めるけれど、クンニはしない。もし、キスやクンニや本番が必須だったらすり減らしながら仕事をしている感覚はあるのかもしれません。ただ、自分はそういうサービスではないので」

──性感マッサージが、女性のためになっていると実感するときはありますか。

「それはありますね。『また明日から頑張れそうです』とか言ってくださる人もいるので。感謝はされることは多いです」

──それはうれしいですね。

「うれしいです」

──付き合いたくなるお客さんはいらっしゃいましたか？

「かわいい女性はいましたけど、彼女をつくることに今はちょっと消極的というか」

――考えられない。仕事に集中したい？

「そうですね」

――両立はできなさそうですかね、仕事と彼女というのは。

「けっこう難しい気がします」

後日、追加質問をすると、すぐにレスポンスが来た。こういったことは男性に伝えてもらったほうが説得力が増す。性知識、性教育として参考にしていただければと思う。


【私からの質問】

「AVは見せるためのパフォーマンスなのに、AVを真似てセックスする男性が多い。それにより、女性が演技をしたり、痛さを我慢している」とおっしゃっていましたが、そういった（誤解をしている）男性たちに、メッセージやアドバイスをお願いします！


【彼からの返事】
①「激しくすれば良い」という考えを捨てること。

↓女性が苦痛で顔を歪ませている姿を見て、「感じてくれている」「気持ちいいんだ」と勘違いして、より激しくしてしまう男性が多い。女性は男性を気遣って（痛いと言ってしまうとショックを受けてしまう）本当のことを言わずに、じっと我慢してしまう。愛撫の基本は「優しく」です。

②パートナーと性について話し合うこと。
↓「どこをどうさわってほしいのか、どのくらいの強さがいいのか、どうされると痛くなってしまうのか」等々、パートナーに聞いてみてください。性についてのことは恥ずかしくてなかなか話すことができないかもしれませんが、とても大事なことで、セックス上達への近道です。

昔から（1時間）4500円は変わっていません。ここまで来たら、今さら上げられなくて（笑）

胸板も語りもアツい、プロフェッショナルなベテラン［42歳］

最強の寒波が流れ込んだ年始の名古屋駅に降り立った。アスファルトに残る雪を見ながら駅近くのカラオケボックスへ向かうと、フロントでスタッフと話をしている男性が見えた。休日にカラオケをしに来たわりには、ファッションに夜の香りがする。そう、彼が今回の主役だ。出張ホストに関するサイトを見ていたとき、彼のサイトをよく目にした。そこには出張ホスト歴15年、登録型出張ホストとして活動したのちに、個人営業の看板を掲げ始動。そんなことが書かれていた。ベテランの域に達している彼から、出張ホストに関する話が聞きたい、そう思って新幹線で名古屋へやってきた。

「出張ホストは女の体を濡らすのではなくて心を濡らすのが仕事。それが僕の理想としていることです。体を満たすよりも、もっと充実感を与えてこそが本物。僕は本番行為はNG、していません」

この取材と原稿執筆の間に多少のタイムラグがある。その間に私は出張ホストを利用したことがある中村うさぎさんにお会いする機会があり、出張ホストの性的サービスについてお聞きした。返事は「なし。ほぼなし」ということだった。が、この取材でも、私は性行為のあるなしについて何度も聞いていたので、そのあたりは適度に省略する。

「いろいろな悩みを聞いていくことで、出張ホストというより、僕のことをカウンセラーと思っている人もいます。そういう意味で、女性の心をほぐすいろいろな方法を模索しているところです」

高いプロ意識を持ち、顧客からの信頼を得て実績を育んできた彼。なめらかに滞りなく話すトーク力はさすがだなぁと思わされたし、どこか体育会系を思わせる熱っぽい言葉には仕事への情熱を感じた。しかしそれより最初に目を奪われたのは彼の大胸筋だ。カラオケボックスでコートを脱いだとき、シャツの上からでもわかるこんもりとした胸板に目が行ってしまって、それを口にせずにはいられなかった。

――ぜったいに鍛えている胸筋ですよね？　なんだかすごいですよねぇ。

「もう鍛えないといけない年なんです。アンチエイジングしいうことで。もう録音が始まっているんですね。残っちゃうので一語一句、気をつけないと（笑）」

筋トレは週に2～3日、1回につき1時間半～2時間ぐらいをかけてしているそうだ。運動をしたあとは肌のハリが違うらしい。

――もともと名古屋出身ということですよね。年齢は私と同じで合っていますか？

「42歳です。1974年生まれです。中塩さんは同世代なのですごくラクです」

――これまで取材を受けられたことは？

「ないです。地方ですし、目立たない感じだし」

――そうですか。いろいろな出張ホストサイトを見たとき、どこにでも出てらっしゃいましたよ。今は、出張ホストのお店がたくさんありますよね。その数にまず驚きました。

「ここ2、3年で急に増えてきました。いや、ここ5年くらいで増えてきましたね」

――減っていないんですね!?

「出張ホストというよりも、レンタル彼氏で営業しているところが多いです」

――私、出張ホストとレンタル彼氏の違いがよくわからなくし。

「レンタル彼氏のほうが認知度は高いですよね。出張ホストは知らないけど、レンタル彼氏なら知っているとか。僕もＨＰには出張ホスト、レンタル彼氏と出していますけど、その定義はね、そのお店によって違うと思います」

――やはりそうなんですよね。性感マッサージをしている人や、デートだけをする人がいて、いろいろな営業の仕方があるのだなと。私のイメージでは出張ホストといえば、デートをして、最後はベッドまでお付き合いするものと思っていたので、それだけではないのだなと。

「仕事の定義がはっきりしていないんですよ。ただ、営業をするのであれば風営法などの法律にのっとってくださいねと、それぐらいのものなので」

――出張ホストよりもレンタル彼氏のほうが、耳にしたときの響きはいいですよね。

「そうですね。ホストと聞くと、女をだましてお金をまきあげてとか、汚いお金が動いている世界をイメージされる方が少なくないんですよね。だから僕も出張ホストとは言っているけど、できるならホストという言葉は使いたくない。レンタル彼氏もどうかなと思っているんですけど」

――では、何がいいでしょう？

「考えているところです（笑）。新しい呼ばれ方をつくったところで、世間に認知してもらえるまで時間がかかってしまうので」

今やテレビドラマにも登場する「レンタル彼氏」だが、さかのぼること２０００年に大阪で「レンタル彼氏」とそのまんまの看板を掲げたお店が登場する。仕事内容はカラオケや食事といったデートの相手で「本番行為は一切禁止です。」とあるので、現在の感覚に近いだろう（「週刊大衆」２０００年5月15日号）。

そこから２００４年に飛び、元風俗嬢で作家の酒井あゆみさんが「レンタル彼氏」についての連載を週刊誌で始め、翌年の２００５年に同じタイトルの本を出版。雑誌で一番記事化されていたのもこの時期だ。

「出張ホスト」「レンタル彼氏」も、雑誌登場回数はともに２００４年にピークを迎え、２００６年以降減少していく。性行為の有無については、近年ほどグラデーションになっている。ただ、「レンタル彼氏」はいわゆるオヤジ週刊誌、女性週刊誌と、いかにもそういったネタを扱う雑誌以外でも記事化されているので、「出張ホスト」より、はるかにクリーンなイメージと言えるだろう。

悩みを聞いてデートをしただけでお金がもらえるならラッキーぐらいの、軽いノリで副業として始めました

――出張ホストを始められたのはいつ頃でしょう？

「2002年ごろです。さかのぼるとそれぐらいです」

――その前はと言いますと？

「サラリーマンで営業職をしていました。各家庭に主婦を相手に飛び込み営業を。営業はまず主婦であるお客さんの心をときほぐして、それから販売していくので、ものを買っていただく過程で家庭のいろいろな悩みを聞くわけです（笑）。しだいに悩みを抱えている人は多いんだなと思い始めて」

けんもほろろに断られたりと勇気と根気と折れない心が必要な飛び込み営業だが、なぜか彼は邪険にされることが少なかったそうだ。

「女性受けがいいよねって。それで友人から『出張ホストという仕事があるよ』と聞かされ『何それ』となった。『お前は人当たりもいいし、悩みも話しやすいし、合っているんじゃない？』と。営業はものを売って初めて利益になるわけで、悩みをいくら聞い

たところで利益にはならない。だからそういう意味では悩みを聞いてデートをしただけでお金がもらえるならラッキーぐらいの、軽いノリで副業として始めました」

接客業を長くしているだけあって、親しみやすい笑顔と柔らかい話し方。のちに「僕なんか身長も高くないし、イケメンでもないし」と何度か卑屈ともとれる発言をしていたけれど、仮にそれをコンプレックスに感じていても、それを凌駕する清潔感と親近感がある。長く仕事を続けられているのには、やはり理由があるのだ。

本業・サラリーマン、副業・出張ホストという生活が始まった。まずは登録型の出張ホスト事務所に所属。所属といっても堅苦しいものではない。彼に聞いてみたかったのはこの登録型の仕組みでもあった。

「登録型でも2つのパターンがあるんです。1カ月の掲載料を支払って、こちらで撮った写真を送ると掲載してもらえる。あとは勝手に仕事してくれと。自分で指名料を決めることができます」

――指名料を自分で決められる?

「そう。完全な野放し状態です。ただ、そのサイト自体は、風営法にのっとって公安委員会に届け出をしているから大丈夫だよと」

――へぇ。ということは、自分で2時間コースとか勝手に内容を決められる？

「そうです。ただ、31日目からは写真を消されちゃうので、また、掲載したければ登録料を入金してというスタイル」

――そういう感じだと、登録はしたけど、仕事が全然ないという人も多そうですよね。

「9割方そうじゃないですか。登録して、写真をサイトに載せていれば指名が入ると思っている人ばかりでしょうね。でも、そんなに甘い世界ではないので」

――もう1つの登録型はどのような感じ？

「もう1つは結構しっかりしていて、運転免許証等の身分証明書を送って、指名が入ったら、その事務所が決めた割合をバックする。残りが自分の取り分。あまり詳細は言えないんですけど」

このあと面接やバックの割合等について細かく教えてもらったが、業界の事情もあり、ここでは割愛させていただく。

――2015年から個人（フリーランス）で始められたということですけど、それまではずっとサラリーマンとの掛け持ちだったのでしょうか。

「先ほども話した通り、いい加減な動機だったので、当初は1カ月に1人か2人ぐらいしか指名が付きませんでした。実際、僕もこんなものかと思いながら、写真だけ出して、指名が来たらぼちぼち行くかみたいな時代が長いです。本格的に始動したのが2006年か2007年。それでも2010年ぐらいまでは会社員と掛け持ちでした」

――そこを本業にしようと思った理由は？

「指名ってひとつひとつが大事なんです。初回の指名を僕はすごく大事にしていて、この出会いが次につながっていく。僕は来た指名は絶対に受けたいんですね。でも、指名が入るたびに、会社に用事ができたので休みますとは言えないですよね。指名がだんだん増えてきて、1カ月の収入が20万ぐらいになったとき、これはもう掛け持ちはできないと思いました。それに僕はもともと組織に縛られるのが性に合わない。上司の顔色を窺って仕事をする、みたいなのが駄目なので、これを本業にしようと決めました」

――今現在、宣伝方法は、HPですよね。サービス内容はホストによって違ってくると思いますが、そのあたりはどうされてます？　性的なサービスなどは一切ない？

「性的なスキンシップを求めて利用される方もいるかと思いますが、法律では本番行為がNGなんです。僕自身はそこに注意をはらって仕事をしています」

――では、ホテルに行くことはないのでしょうか？

「あります。その場合はアロマオイルを使ったマッサージや添い寝と、プライベートな感覚を楽しんでいただくときです」

――けっこう生殺しとも言えますよね（笑）。

「本物のホストは心を濡らすものだと思っているので、それを目標に精進しています。逆に僕は、本番行為をするホストに、そんなに毎日できるの？　って、男として純粋に聞きたいです（笑）」

――そういう部分では大変だと思います。ベテランで一線で続けてこられた方だと、付き合いの長いお客さんもいる。でも、ここ数年の風潮で売防法があるので、もう本番はしませんとは言えないですよね。一方で、お客さんが機嫌を損ねたりして「レイプされました」と警察に言ってしまえば仕事を失いかねないでしょうし。いろいろな危険性をはらんでいますよね。

「そこは信頼関係だと思います。今はネット時代なので、あることないことをすぐに書かれてしまいますよね。いろいろなお客さんがいるので、そのあたりは本当に気を付けてほしいなと出張ホストには思います。長く続けていれば続けてきた分だけの歴史があると思うので、何か不祥事があったときに、すごく大きなダメージをこうむってしまうのは会社と一緒ですし」

彼の出張ホスト歴は15年だが、彼自身は法令遵守をベースとした営業を当初からしており、2006年の風営法改正厳罰化以降はさらにそれを強化したといえよう。

「まぁでも、最近始めたような若いホストは、風営法？　売防法？　知らない、なんていう子もいるだろうから、エッチしてお金をもらってという人は、なかにはいたりするかもしれませんね」

――でも○○さんの場合は、デートだけで心を満たす努力をされていると。

「それが僕の目標としているところです」

割合的には7・5対2・5ぐらいで既婚者。ほとんどが既婚者で専業主婦の方が多い

「心を濡らす」ことに彼は日々心を砕いているわけだが、どのような女性たちが出張ホストを利用しているのだろうか。

――客層について伺いたいのですが、利用される方のおもな年代を教えてください。

「僕の年齢（42歳）を基点として、プラスマイナス15歳ぐらいです」

――ということは、50代のお客さまもいらっしゃる？

「そうですね、60代の方もたまにいらっしゃいます。30代、40代がほとんどです」

――20代の利用者はいらっしゃいますか？

「年上の男性が好きで、僕なんかでもいいよという女性がたまに指名してくれます」

――既婚と独身、どちらが多いですか？

「既婚ですね。割合的には7・5対2・5ぐらいで既婚者。ほとんどが既婚者で専業主婦の方が多いです」

――時間は何時間からお願いできるのでしょう？

「2時間が基本で、追加で1時間ずつといった感じで」

――お客さんから「3時間」とリクエストがあれば、はい、承知しました、みたいな？

「たとえば最初にざっくり3時間と決めてもらって、あとは当日お会いして、延長したいということでしたら、4時間、5時間、6時間……となります」

詳しく聞くと、最初におおよその時間を予約してもらい、あとは当日、女性客の都合に合わせるとのこと。延長時間は予測不可能なので、1日に1人のみ予約を受け付けているそうだ。

──追加料金は1時間おいくらになるのでしょう？

「4500円です」

──相場より少し安い感じ？　ですよね？

「昔から4500円は変わっていません。ここまで来たら、今さら上げられなくて（笑）」

──もうずっとこの金額でやっていらっしゃる？

「そうですね。2007〜2008年ぐらいの頃からずっとこれで」

──皆さん何時間ぐらいをリクエストされます？

「人それぞれですけど、平均は6時間から10時間ぐらいが多いですかね」

──10時間！　長く感じるのですがどんなことをされるのですか？

「それが不思議なもので、サラリーマンであれば10時間だと、始業から終業、残業という感じですごく長い印象がありますけど、話に花が咲くと、あっという間に時が経つんです。車の中で話しているだけで3時間過ぎたりも日常茶飯事です。お互い『え、もうこんな時間なんだ。まだ会ったばかりだよね』というようなことはしょっちゅうあります」

――それだけ話したい方がいらっしゃるということですよね⁉

「いっぱい自分の中にためているんでしょう（笑）」

――溢れすぎて止まらないという感じ？

「結局、誰も聞いてくれない、言えないという方が多いので。僕もやっぱり理解したいと思って親身になって聞きますし、話しやすさから頼られているのかなと思いますし」

――素朴な疑問なんですが、専業主婦の方が10時間も外出するのは難しいですよね？

「お子さんがいると3時間とかになっちゃいますけど、お子さんがある程度大きくなっている方は、朝10時ぐらいから夕方まで空いていらっしゃいますからね。なかには奥さんが遅く帰ってこようが、旦那さんが干渉しない夫婦関係のところもあります。夕方から会って、翌日の早朝まで一緒にいたり、夜の間、ずっとドライブをして過ごすこともあります」

――ドライブするコースもお任せみたいな感じで？

「ある程度は行き先を決めますけどね。普段、ずっと家にいて遠出しない方は、外の景色を見て外の空気を吸うということでさえ、新鮮な感じがするんでしょうね。とりとめのない話をしながらドライブをして、海があれば車を停めて、ちょっと海を眺めようか、とか。特別なことをしているわけではないけど、そういう普通がすごくいいんです」

――息抜きできる時間を必要としている。

「そうです。専業主婦の方は育児や家事、旦那さんのお世話に拘束されている。特に早いうちに結婚・出産された方は、20代を全部家庭にささげてしまって青春がないんですよ。だからそういう方は何気ない、例えば映画デートで映画館前で待ち合わせをするとか、そういうことにでさえ、すごく新鮮さを感じられるんです」

――私も独身ですけど、映画館で待ち合わせとかひさしくやっていないです（笑）。

「独身であればデートしようがしまいが、そこは自由に好き勝手にやれますけど、結婚している方は、ほかの人とデートをするのは駄目ですよね。それが出張ホストを利用することによって、罪悪感を感じずにその気分が味わえる。出会い系でも遊ぼうと思えば遊べますけど、素性がわからないから怖いし、下半身の欲を満たそうとする人ばかりで、危険な目にあう可能性もある。でも、僕の場合は、そういうことが絶対にないので安心できる」

――なるほど。たしかにそうですよね。安全と安心をお金で買うという発想ですよね。

利用者はやはり近辺の方が多いのでしょうか？

「僕の場合はけっこうバラバラです。名古屋の人もいれば、車で移動することも多くて、京都、大阪、名古屋、岐阜、静岡、東京、北陸とかいろいろです」

――北陸のお客さんだったら、「北陸まで来てください」みたいな感じ？

「はい。たまに名古屋に来てくれますけど、だいたい僕が行きます」

――名古屋から北陸って時間はどれぐらいかかります？

「北陸の内陸側だと、車で2時間半から3時間ぐらいです」

――移動中はサービス料金が発生しないんですよね？

「純粋に交通費だけです。ガソリン代と高速道路料金」

――それを考慮すると割に合わないと、私なら思ってしまうかも……。

「まあ（笑）。僕はあまり採算について考えないようにしています。家計から捻出する人、パートで一生懸命に働いたごほうびで僕と会ってくれる人、その人によって1万円の価値もだいぶ違うと思いますが、たとえ1～2時間でも僕に会ってくれたいという気持ちを僕は大切にしたいですね」

僕が説得してあげるからと言いたくなるぐらい、どうしようもない旦那さんが多いです

――これまで多くの女性にお会いされてきたと思いますが、皆さん、どのような理由で出張ホストを利用されていますか?

「いろんな理由がありますね。主婦の方が多いので、旦那さんに女性として見られていないから、女として認めてもらいたい気持ちがあるような気がします」

――女として見られていないことへの不満?

「でしょうね。家政婦や召し使いのような扱いを受けているという不満。それでずっと子育てをしてきて、デートらしいデートも旦那さんとしていない。でも、女性なんだという思い、女として見られたいという方が多い気がします。あとは、誰にも言えない悩みを聞いてくれる相手が欲しい。本当の自分をわかってもらえる相手が欲しいとか」

――つまるところは、旦那さんへの不満があるからガス抜きを求めている?

「主婦の方はだいたい旦那さんが理由ですね。いろんな悩みが多すぎて闇に陥ってしまっている。誰に言ってもわかってもらえない。でも誰かにわかってほしい心の叫びで

すよね」

――夫と全然会話もないのよ、みたいな？

「そう。けっこう冷めた夫婦関係が多いです」

――結婚日数が浅くても？

「それはもう関係ないです。お子さんが乳飲み子だとしても、旦那さんとの関係が悪化している人もいるし」

――旦那さん、もう少しどうにかならないんでしょうかね。

「そうなんですよ。だから旦那さんと会わせろよと言うときもあります。僕が説得してあげるからと言いたくなるぐらい、どうしようもない旦那さんが多いです。もっと奥さんのことをわかってあげればいいのにと思うことは本当に多い」

――もっと会話をしてということ？

「気遣いです。ありがとうとか、そういうことを言うだけでもだいぶ気持ちが違ってくると思うんですけど、それすらも言ってあげない旦那さんが多いみたいで」

――してもらって当然という旦那さんが多いと⁉

「そうです。それが積もっていくと、私って、あの人のいったい何？　となる」

――専業主婦の方は一番身近な旦那さんに認めてもらわないと、存在意義みたいなものが確認できないですものね。

「そうです。かといってそんな愚痴を誰にも言えないし。だからそういう愚痴を僕が聞いたり、一緒にカラオケに行ったり映画を見たりすることで気持ちが晴れやかになっていく。外に出ることで、リフレッシュができるという」

――なかなか主婦の方も大変ですね……。そういう夫婦関係を見ているので、結婚カウンセラーとかできそうですよね。

「飛び込み営業の延長みたいな感じです。その経験があるから、今、お客さんに相談を受けたときにアドバイスができる。僕自身、結婚はしていないけれど、これまでの経験から語れるところはたくさんある。これは若いホストにはできないことだと思います。それが僕の売りです」

――積み重ねた経験から語れるものがあると。

「そうですね。でも、それだけでは足りないので、通信教育で心理学の勉強をして資格を取得したりして、違う面からもアプローチできないかなと、いろいろと模索しているところです」

――カウンセラーですね、していることは。

「だから出張ホストやレンタル彼氏ではなくて、カウンセラーと名前が付くような呼ばれ方で、何かないかなと考えることはあるんですけどね」

性風俗は時代の風潮をあぶりだす。女性たちが出張ホストを利用する理由はその時代に生きる女性の痛みをあぶりだした。性暴力で受けた恐怖心をプロに取り払ってもらおうとする女性がいた。パートナーからのセックスの不足分をプロで補おうとする女性がいた。身近な夫からのハラスメントをプロに訴える女性がいた。男から受けた傷を男で癒す女たちの姿がそこにあった。もしかしたらこれは時代に関係なく、女性たちがずっと抱えてきた普遍的な痛みであり、叫びなのかもしれない。

仕事と恋愛の両立ができるホストもいるとは思いますけど、僕の場合はそれができない

九州出身の父と東京出身の母を持ち、日本の真ん中名古屋で生まれ育った彼。ひとりっ子の彼は両親の愛を一身に受けて育った。

「全部僕に愛情が来るわけですから、はたから見たら過保護だったと思います。その代わり、しつけは厳しかったです。一番厳しかったのは礼儀作法。あいさつとか、目上の人に対しての言葉遣いやマナーとか、ああいうのはすごく教えられました。特に父にです。だから父は本当に怖い存在でした。でも、小さい頃の厳しい教育があったからこそ、今、役に立っている気がします」

彼から出されるエピソードにどこか礼儀正しさや律儀さを感じたのは、両親からの影響があったようだ。その父は6年前に他界。現在は名古屋郊外に住む80歳に近い母のもとを週2～3回訪れるようにしている。買い出しに付き合ったり、家のもろもろを手伝ったり。親孝行という文字が浮かぶ。

「仕事のことは説明してもわからないみたいです。だからサービス業と伝えてあります。昔から、『あんたがちゃんとしていれば何も言わない』という親だったので。信用してもらってます」

現在42歳で結婚歴はゼロ。もちろん子供もいない。しがらみのない独身貴族。

「でも、しがらみがないとはいえ、ひとりっ子だから母親の面倒も見なくちゃいけないし、それなりにいろいろなことはあります」

現在母親が住む一戸建ては彼が購入した。これを親孝行と言わずして何を親孝行と呼ぶ。

「というか、面倒な話になるんですけど、僕、車が趣味で、派手でうるさい車だから、広いところに置いておきたい気持ちで家を買ったんです（笑）。20歳ぐらいから車が好きで、昔は改造もよくしていました。普段乗っている車は別にあって、実家にあるものは世間で名車と呼ばれているものなので、今は現状維持、あまり走行距離を延ばさないように、ガレージの中で眠らせている状態です」

ここで定番の質問をした。初体験の年齢だ。厳しく育てられた彼の初体験は「19歳」とのこと。

「高校がすごく厳しかったので、そういったことは全然考えられませんでした。中学、高校と全然色気がなかったですね。音楽や映画とか、部活に精を出していて（笑）」

高校を卒業後、専門学校に進み、その後、サラリーマンを経て出張ホストになった。

ここまであまり色気のないところが気になった。今、お付き合いされている恋人は？と、聞いたところで色を売る商売、事実は語るわけにはいかないだろう。言われたことを信じて書くしかない。

「彼女ですか？　いません。２０１０年代はいないです。まだ出張ホストとはなんぞやと自分の中で形が決まっていない頃はいました。お客さんだった方が彼女になりました。２００６年とか２００７年とか、そのぐらいです」

しかし名古屋と東京の遠距離恋愛だったこともあり、自然消滅してしまったそうだ。

「2年半ぐらい付き合いました。けんか別れしたわけではないので、もしかしたら僕のHPを見ているかもしれません（笑）」

積極的に恋愛を楽しむ心情にはなれないと話す。いったいどこで性欲処理を？　と余計なお世話的な疑問が頭をかすめたが、雰囲気的にそれが言い出せず、話を聞くことを優先させた。

「仕事と恋愛の両立ができるホストもいるとは思いますけど、僕の場合はそれができない。優等生的な発言に聞こえるかもしれませんが、例えば僕に彼女がいたとしたら、好きだから彼女に気持ちが向いてしまう。そうすると女性は敏感なので、次からは指名がなくなってしまう。僕もお客さまに会いたいというハングリーな気持ちでいたいから、彼女はいないほうがいいと思っています」

風俗嬢も仕事に打ち込みたいときは恋人をつくらない人が多い。あるいは恋人ができるとほかの男性に身体をさわられたくないからと出勤を減らす。もしくは辞める。恋愛がプラスに作用しない職だと言えよう。

「逆にもし彼女がいたとして、その彼女の立場になったら、いくら仕事とはいえ、ほかの女性と会うのはいい気がしないと思います。口では『理解しています』と言ったとしても、本音としては嫌だと思うし、僕だったら嫌なので」

しかし、心身への密着が高い職業は、ユーザーからの告白やストーカー被害にあいやすい。「ストーカーの被害はないですけれど」と彼は言い、こう続けた。

「これまでに何度も告白はありました。そうするとやはりそこからは長続きしないですね。ダイレクトにそういうことを言ってしまうわけではないけれど、マイナスに受け取られてしまうと、次の指名はもうないです。誠意が伝わればいいなと思いながら、話してはいるのですが」

そんなゲスなものじゃないと僕は思っていても、周りはゲスに見ている

――出張ホストやレンタル彼氏志望の男性のタイプって、この15年ぐらいで変わりましたか？

「出張ホストをしたいという男性？　女性とデートしてお金がもらえるんだという軽い気持ちが入口なのは変わらないんじゃないかなぁ。僕もきっかけはそうでしたから（笑）」

――生活に困ってとか、そういう切実な理由で始める人は少ない!?

「なかにはいるかもしれませんけど、あまりそういう話は聞かないですね。レンタル彼氏、出張ホストというのがテレビで取り上げられたりするから、ミーハーな気持ちで始める人が増えてきて、やたらと数だけ増えたイメージがあります」

――経済的事情よりも、間口の広さ、敷居の低さもあって、軽い気持ちで始めると。

「そうですね。特に就職試験があるわけでもないので、おいしい仕事だと思って気軽に始めている気がします」

――これなら俺にもできるぞ、みたいな。

「そうです。そんなにラクな仕事ではないのに。でも、僕が苦労人なだけかもしれません。若くないし、身長も高くないし。どうせお金を払うんだったら、もっと若くてかっこいいホストを呼びたいというのが女性の心理だと思うので。僕がちょっと苦労をしているだけかもしれないです（笑）」

――風俗嬢の場合だと、店舗数と働き手が増えすぎデフレ状態になったところに不景気が重なって、さらに参入者が増え、稼げなくなったと言われる状況があるのですが、出張ホストはそういうことはない？

「うーん。ホスト志願が増えたのは、さきほど言ったように、登録さえしてしまえば誰でも始められる手軽さだと思いますけど、ベースに景気が関係しているのかなぁ。でも、出張ホスト自体は景気に左右されていない気がします。旦那さんの収入が景気に左右されているのかな？　よくわからないですけど、逆に男は風俗に行くとき、自分の欲望を満たすことを優先させるかと思いますが、女性は逆で、家庭があっての余興なので堅実的ではありますよね」

――旦那さんの景気が奥さんのお小遣いに反映されると思うので、最近、指名が減っているなと感じるときはありますか？

「正直なところ、景気というよりも、出張ホストがたくさん出てきたことが原因のような気がするんです」

風俗嬢を語るとき、供給過多のデフレ状態のところにリーマンショックが起きて、経済の煽りを利用者、従事者ともにこうむることになったと、ここ数年はまとめられていた。出張ホストも彼が言う「増えすぎた」という点でデフレ傾向にあると言えるのだろうが、その背景に景気が大きく関係しているのかは、３人の出張ホストを取材しただけではわからなかった。同じ質問をしていても、それぞれ違う返事が来ることもあった。

――男の子に「出張ホストって儲かりますか？」と聞かれたらなんてお答えします？

「君しだいだよと言うだけですね。それに尽きると思います。もし持って生まれた見た目が人よりいいのであれば、いい線までいけると思います。まずは見た目で判断される仕事なので。ただ、そういう時期は最初だけ。２回、３回とリピートしてもらうには努力が一番。いくら格好良くたって、中身が伴っていなかったら駄目」

――ちなみにお友達に同業者はいらっしゃいますか？

「今はいません。前はつながっていましたけど」

――同業の男性って、どういう理由で辞めていくのでしょうか？

「指名がなくなったとか、思ったより全然稼げなかったとか、それしかないと思います。あとは、本業と両立できないとか」

――そうなんですね。ベテランから出張ホストの心得みたいなものがありましたら、教えてもらえますか？

「大原則はさっき言った、ホストは女性の体を濡らすのではなく、心を濡らすものだと」

――心を濡らす。難しいですよね。

「難しいですよ。形がないし、ノウハウがないじゃないですか。恋愛マニュアルがないのと一緒で、それぞれみんな違うので」

終始にこやかに落ちついて話していた彼だが、苛立ちを隠しきれなくなったのはこのあたりからだ。

――ちなみにお友達は仕事のことを知っていますか。

「知らないですね。言ったとしたら、結局は何人とやったとか、そういう話になっていくような気がするので。そんなゲスなものじゃないと僕は思っていても、周りはゲスに見ている。それに出張ホスト自体が偏見を持たれているから、40を過ぎてのホストなんて多分ばかにされますよね。いい年してそんな仕事をやっているのかとか、そういうふうに見られると思うので。誇りをもっているので気にはなりませんけど」

――男性客って風俗嬢に対して見下すような発言がたまにあるんです。男性から見てその理由はなんだと思いますか？　どうして言いたくなるのでしょう。

「僕自身は見下していません。風俗嬢も、お客さんである男性たちの悩みなどを聞いているので、どれだけ大変な仕事なのかはわかっているつもりです。逆にそんなことを言う男をぶん殴ってやりたいぐらいです。股開きゃあ、金になるだろうぐらいの感じでいるんでしょうね。基本的に男って男尊女卑というか、女性をばかにした部分があるじゃないですか。日本古来からずっと」

――それはなくならないのでしょうか。

「なくならないですね。多くはないでしょうけど、一部の男には、基本的に金でなんでも解決できると思っている方はいるでしょうから」

体調管理も大事です。急に指名があったときに、だるい自分で行けませんよね

さてここからは、出張ホストの生活についてだ。趣味は「アウトドア、登山、筋トレ」。特に筋トレに関しては年齢を気にして熱心に取り組んでいる。

「もともと筋トレは好きでしたけど、今はやっぱり自分磨き。40過ぎてこれから老けていく一方じゃないですか。お客さまにとっていつも憧れの存在でないといけないので、年相応に老けていたら駄目。だから筋トレ、アンチエイジング、美容、そういうものに力を入れています」

対策として、運動のほか、食べ物にも細心の注意を払っている。

「胸肉やささみ、卵とかタンパク質、野菜をメインにして、あとは炭水化物を控えめにしています。コラーゲンや亜鉛や葉酸といったサプリも飲んでいます」

好きなときに好きなものを好きなだけ食べるという生活をしていては、体形維持はできないのだ。40歳を超えたら意識しないとどんどんふくよかになっていく。そこを律するのはもちろんプロ意識。ここは熟女世代の風俗嬢も意識しているところだろう。

「自分の身体にいいものだったら、お金は惜しまない感じです。自分が商品なので。だから自己投資ですね」

見た目が大事なのでお肌のコンディションにも気を使う。

「化粧水にはこだわっています。でも、運動をした翌日の朝と、運動をしない翌日の朝で、肌のハリが違うんです。だから運動が一番大事だと思います。リフレッシュもできるし、運動はおすすめです」

自分自身が商品であることの苦労を知らされた。食生活に運動と、とてもじゃないが、自分にはできそうにない。

「体調管理も大事です。急に指名があったときに、だるい自分で行けませんよね。いつもベストの状態でいないといけない。ですので、そこは気を付けてます」

まるでアイドルの台詞のよう！　と書いている今思ったが、彼を身近なアイドルとして指名する女性は多いのだろう。その人たちの期待を裏切らないために、彼は生活を律している。

——人の悩みを聞いたりするのはもともと性格に合っていたということですが、世にこれをぜひ伝えたいということはありますか？　もっと男性は奥さんの話を聞いてあげようとか、そういった感じのこと。

「それはありますよ。でも矛盾していて、旦那さんが奥さんに優しくしすぎると僕という必要性がなくなっちゃうので（笑）。とはいえ、僕が何か言ったところでそういう旦那さんは何も変わらないでしょうけど。だから言わせてもらえば、主婦の大変さをわかってもらいたい。さきほども言いましたけど、日本は男尊女卑の国なので、男性が女性を理解しようと努めなければならないと思います」


気になる彼の収入だが、「多くて80万前後、少ないときで30万前後」だという。1カ月のうち稼働日は20日前後と決めている。

「1カ月毎日アポイントがあると、絶対にいろいろと対応が雑になって、こなす感じになってしまう。月収が80万超えのときは雑になっていると思います。それだと駄目なんです。お金は欲しいけど、ひとりひとりを大事にしたい」

――これだけやっているのに全然割に合わない、と思うときはない？

「お金以上のものがあるんです。その人から、『ありがとう、救われました』と言われれば、すごくうれしいです。お金だけではないやりがいがあります。基本、生活ができればいいので、それ以上は望みません（笑）」

――今後も出張ホストを続けていかれるご予定ですか？

「そうですね。ある程度リピートしてくださるお客さんがいますので、その人たちを裏切りたくない。どんどん年は取っていくけれど、お客さんと同じように年を重ねていければと思っています」

出張ホストに求められるのは、真剣に耳を傾ける「聞く力」。その力に長けた一流の者たちだけが生き残れる厳しい世界。今日も出張ホストたちは、女性たちのＳＯＳを全身で受け止めている。

第二章 ウリセンボーイ

- バー型（店舗型）、出張型がある。バー型で有名なのは新宿2丁目
  首都圏を中心に、バー型、出張型ともに地方都市にも点在
- サービス内容は、デートのお付き合いから性的サービスまで
- 顧客：おもに男性同性愛者、女性

怪しいのはわかって面接に行った。日払いで自由出勤。ウリセンを選んだ理由はそれだけ

25歳でボーイデビューした、子持ちのウリセンバーオーナー［37歳］

新宿2丁目で外国人の姿をよく見るようになってどれぐらいになるだろう。友人とゲイバーで飲んでいたとき、外国人2人がおもむろに入ってきた。路面にあるバーならばわかる。しかしバーがひしめく雑居ビル群のなかからなぜこの店を選んだのか。聞くとさしたる理由もなく、歩いていて目に入った店を選んだらしい。で、この2人、ノルウェー出身で兄弟だという。どうして新宿2丁目を知っているの？　ガイドブックに出ているんです。ほほう、そういうことか。

今や新宿2丁目は外国人旅行者のホットな夜遊びスポットになっているらしい。ハリウッドスターもお忍びでやってくるほどだ。その2人にゲイハーでの定番の遊び、カラ

オケをすすめると、2人が入れたのはなんとa－ha！　曲目は『Take On Me』！ささる年代にはささる曲目を入れたのは、ノルウェーの国民的アーティストで世界的ヒットを出したa－haを歌えば喜んでくれるだろう、という気遣いだったのだろう。そして2人はビールを飲みほし、精算をして、しずしずと店を出ていった。新宿2丁目での社会勉強は、その後、ノルウェーでどう伝えられたのだろうか。

〝世界屈指のゲイタウン〟、〝新宿通りと靖国通りを結ぶわずか数百メートルの通りにバーが数百軒〟、〝戦後の赤線廃止とともに廃れた街にゲイバーが現れるようになった〟……と、新宿2丁目を語るときの冒頭はおおよそこうして説明される。このなかに「売り専門の店」であるウリセンバーが点在する。ウリセンとは、男性の同性愛者（ゲイ）向け、出会いの場提供店だ。店内にいる男の子と店内や外でデートができる。現存する店で一番古いのはAという店で40年の歴史がある（記事でウリセンが確認できたのは一番古いもので1978年。この当時で新宿2丁目だけで10軒以上のウリセンバーがあったそう。「週刊プレイボーイ」1978年9月12日号）。現在、ウリセンは、バー型と出張型に分かれるが、バー型で働く男の子はストレート、いわゆるノンケ（異性愛者）が多い。

「店によってでしょうけど、ざっくり言うなら、7割はノンケでしょうね」

そう話すのは、今回の主人公である彼。2丁目にウリセンバーをオープンさせ5年目になるオーナーだ。現在37歳。

「ノンケに価値があると思うゲイの人が多いということでしょうね。金を払わなきゃノンケとはできませんから。ゲイの子とはお金を払わなくてもハッテン場（男性同性愛者の性的交流場）とかでできる可能性があるでしょ。ノンケだから金を払う価値があるという人は、バー型のウリセンに来る」

ウリセンのオーナーは自身が元ボーイでゲイである人が多い。彼も元ボーイだ。しかし彼はストレート。子供もいる。2丁目のウリセンでノンケのオーナーは彼ひとりだけだ。

「ノンケと寝ることが、誇らしさの象徴であったりするんですね。ゲイのお客さんにとって男らしさはすごく大事なわけです。その男らしさをノンケに見出しやすいのでしょうね」

さて、誰に取材しよう。新宿2丁目に住んで7年目。自分にとって一番取り掛かりやすいテーマがウリセンだった。2丁目のウリセンに初めて足を踏み入れたのが2006

年の9月。およそ4年住んだタイのバンコクから引き揚げてきたのが2006年の8月下旬なのでその直後だ。在住時、タイのウリセン「ゴーゴーボーイ」へ日々足を運んでいた自分からすると、東京のウリセンへ行くことは当然の成り行きであった。帰国したらすぐにでも行こう、そう思っていた。事前のリサーチはじゅうぶんに済ませていた。

2005年、2006年と、新宿2丁目のウリセンをテーマにした書籍が続けて発表された。『レンタル彼氏』（2005年）、『売る男、買う女』（2006年）酒井あゆみ・著、『ウリ専！』（2006年）松倉すみ歩・著、少し遅れて『セックス放浪記』中村うさぎ・著など、女性の手によってウリセンは描かれた。それによって私のうずうずは止まらなくなっていた。

ウリセンが広く知られるようになったのは、故・飯島愛さん著『プラトニック・セックス』（2000年）という一説がある。本の中にウリセンが登場するからだ。ウリセンバーの顧客の多くはゲイだが、女性客を受け入れている店もある。

「僕は2005年からボーイを始めたけど、僕がいた店は、オーナーの知り合いの女性だけが入れました。職業でいえば風俗嬢が多かったです」

女性がウリセンを利用している雑誌記事を1982年の週刊誌で見つけることができ

た。ある女性のコメントが載っている。

「〝うりせんボーイ〟を買うとね、ホスト・クラブのホストなんかアホらしくなるわよ。料金は高いし、女から金を搾り取る算段ばかりしているんだもの」

「今のところ、うりせんバーに行けば女性でもちゃんとした若い男性の肉体がお手軽に買えるという情報が、女性に与えられてないわけですよ。だから私のような目端の効く特殊なオンナが買いまくっているの。うりせんバーの状況をホスト・クラブ狂いの女性なんかが知ったら、ワンサカと押しかけるはずよ」（「週刊宝石」1982年6月19日号）

今現在、ウリセンバーにはまっている女性もきっと同じことを言うだろう。「うりせんを知るとホストクラブがアホらしくなる」と。ちなみにこの記事のタイトルは「女性向けソープ、うりせんボーイ、黒人米兵……　遂にここまで来た！　女が男を買う時代」

売る側の男が悪いのか、買う側の女がバカなのか？　いずれにせよ世紀末……」となっているが、1982年以降も女が男を買う現象を「今、この時代ならではの現象」として記事化しているので、つまるところ、いつの時代も女性は男性を買っているということになる。何度も言うが江戸時代にはすでにその文化があったのだから「世紀末……」と悲嘆に暮れなくても大丈夫。余談だが、テレビ、ラジオとあわせてメディア全般に言えることで、’80年代の雑誌記事も、今であれば差別に相当する単語や文脈がたくさん出てくる。男性目線からの身勝手な記事の歴史と、自主規制による言葉狩りの変遷を辿ることができるので、現代と比較してみるとなかなかにおもしろい。

話がそれた。で、記事によると1982年当時、新宿2丁目にウリセンバーは約25軒あり、約300人のウリセンボーイが働いていたそうだ。ショートが6000円、ロング（オールナイト）が1万円と書いてある。飯島愛さんの『プラトニック・セックス』では、1972年生まれの飯島さんが17、8歳でウリセンに出入りしているので、時代はバブルだった1990年頃になると思うのだが、当時はショート（2時間）8000円、ロング（オールナイト）2万円ぐらいと記述されている。2017年現在は、ショートは約1万6000円でロングは3万円だ。私が知る限りこの10年、金額に変動は見られない。

1982年前後、ウリセンで遊ぶ女性は「特殊なオンナ」だけだったが、『プラトニック・セックス』で裾野が広がり、ネットの普及による拡散力で多くの女性に知られ、その後の出版ブームにつながったと仮説を立ててみた。が、確証はないので断言はしない。

そしてウリセンも出張ホスト同様に、2006年以降、雑誌記事になる機会が減っている。私自身は2006年以降にウリセン記事を書いていたのだが、以前と比較すると急速に勢いを失っている実感は当時からあった。男×男の性交は売防法にもともと抵触しないが、女性がウリセンボーイとセックスしてます、と記述することは、違法行為をメディアが喧伝しているようなものなので、自重すべきという風潮になったのだろうか。ここでも法令遵守（コンプライアンス）というワードが頭をかすめていく。

と、前置きが長くなったが、ウリセンオーナーの彼の話はここからである。ボーイの経験があり、オーナーでもある彼に取材するのが一番良策に思えた。

「なんでも聞いて、困ることも隠すこともまったくないから」

と、快諾を得た。ウリセン業界は、オーナー、ボーイともに個性的な人が少なくない。彼はそんななかで信頼できる人物だった。私がウリセンに通い始めた頃からの仲なので、知り合って10年以上が経つ。その間の彼の体形の激変ぶりも見ているし、真面目な人柄にふれる機会は幾度となくあった。一方で、ビジネスに徹するクールな一面も知っている。とかくダーティでマイナスなイメージで見られやすい風俗店の経営側だが、彼を見ればそのイメージも変わるに違いない。そんな人物だ。

知人であるので多少、私の口調もくだけている。お許しいただければと思う。

最初は嫌だと言っていても慣れてしまえばやれちゃうんですよ

――バー型は新宿2丁目にどれぐらいあるの？

「13店舗かな。今後は増えないとは言い切れないけど、バー型は1店舗出したらミリオネアという時代ではないので、参入するのは難しいと思う」

――どういうところが大変？

「ボーイさんを集めるのが大変、お客さんに認知してもらうのが大変。お客さんが出張型で遊ぶことに慣れてきているから、2丁目に来ていないということになる。そんな状況で生き残るには、ボーイさんのスカウト能力が高いか、お客さんを多く持っているか、突出した能力がないと厳しいと思います。だからバー型は今後減ることはあっても、これ以上増えることはないと思います」

ボーイさんとはウリセンボーイのことだ。ウリセンボーイにも風俗嬢同様、スカウトマンがいる。店専属のスカウトマンもいれば、風俗、ウリセン、AVと裸仕事全般を扱うスカウトマンもいる。街でいきなり声を掛けるのではなく、SNS等で打診することが多い。

――出張型が増えたことによって、バー型に影響が出ていそうですが。

「ダメージはもちろんこうむっています。母数が変わるわけではないからね。シェアの取り合いなんで」

――ということはバー型に来るお客さんは。

「バー型は減ってます。出張型は増えてるでしょうね」

――その理由は？　お酒を飲んで……というのがわずらわしい？

「そういう感じでしょうね。さくっとやって、パッと帰りたいとかね」

バー型は、ほとんどの人が店内でお酒を楽しみ、それから外出するという順序を踏む。その酒の席をオーナーやマネージャーが盛り上げる。連れ出しスナックといえばわかりやすいか。出張型はお酒の席を飛ばし、すぐにサービスを受けることが多い。

――外に連れ出すとしたら最低時間は1時間が主流？

「1時間でしょうね。次に90分、2時間、3時間、あとはショートロングという8時間、ロング（泊まり）は12時間」

指名料はほぼどの店も同じで、1時間が1万2000円、90分が1万5000円、2時間が1万7000円、3時間が2万円、ロングが3万円となる。ボーイの取り分はその3分の2程度。男性がデリヘルで風俗嬢を1時間指名した場合と比較すると若干の割安感があると言える。外出してからは食事を楽しんだりそのままホテルへ行ったりと好きに楽しめる。

――ところで面接って、人聞きが悪いけど、ほぼ騙されたに近い状態で来るわけでしょ？

「うちの場合はそうでもないですよ。僕はスカウトをするとき最初に言います。『ゲイのお客様のお相手となります。キス・フェラまでやれればOKです』と。『それでもよかったら来て』と。そう言われて面接に来る子はすでにどういうことかわかっているわけで、騙されたという感覚はないと思う。それでも3割は帰りますね」

ネット普及以前は新聞の3行広告が求人の主流だった。現在はSNSなどで募集またはスカウトが行われている。昔も今も共通するのは顧客が男性であることを明言していないこと。いざ面接となり、実情を知れば踵を返す者が多いのだが、おもしろいものでこれまで話を聞かせてもらったボーイたちは途中で騙されたと気づいても「しょうがないか」で腹をくくる者が多かった。その割り切りの潔さがノンケらしいというか。そのことに被害者意識を持つボーイもいなかった。

——でも素朴な疑問として、ノンケが男性相手にやれるものなの？　と思う人は多い気がする。

「それが、できちゃうんですよ（笑）。お金が稼げるならという割り切りで。あと、慣れはある。最初は嫌だと言っていても慣れてしまえばやれちゃうんですよ」

「慣れてしまえばやれちゃう」。これは風俗嬢からも聞かれる台詞だ。

——でも、どうプレイしていいかわからないよね。

「『キスやれよ、フェラやれよ』って（笑）。キス、フェラができればＯＫとは言う。講習はうちの店はないけど他店ではあるところが多い。『ケツ（アナルファック）までやれれば儲かるけど、別に強制じゃないよ』と。キス、フェラだけだったら自分が腹を決めるだけでしょ」

——ボーイの入店動機を聞くことはある？

「まぁ、聞きますけどね。『カードを使いすぎて借金がある』とか『職を探しているところです』とか。共通しているのは即金が欲しいってこと。昔は借金が多かったけど今は生活費を稼ぐための子が多い。日払いというのはでかいよね。今って歌舞伎町のファストフードで働けば時給が１３００円、１４００円とか、けっこうもらえるわけでしょ。でも、そういうところは１カ月待つわけでしょ。それが待てないと」

——即金がほしいって何かにせかされているということ？

「生活費がないから。そういう子たちの場合、家のない子が多かったりするんですよ」

——家がない？

「うん。だからマンキツ（漫画喫茶）で生活したりとかね。家に帰りたくないからということで。××のこと覚えている？　あいつなんてずっとマンキツにいたんだよ。なんらかの事情があったんだろうね。そこまで深くは聞かないけど」

——ひとり暮らしの子も多いよね。

「そうですね。あとは、大学で上京してきた子とか。それは昔も今も変わらずに多い。あと現役大学生もね。ただ、体育会系の大学は、大学側がウリセンで働いたら退学だよ、とアナウンスしているところがある。あとはT大の柔道部とか」

——なんでそこ、ピンポイントなの？（笑）

「たぶん、過去にいたんだよ。それが大学側で話題になった。少なくとも10年前はこういう話は聞かなかった」

――ひとり親家庭も多いよね。親の経済状況が子供に直結しているわかりやすい例。

「それはあるね。それも昔と変わらない」

正確に数えていないが、感触としてはボーイ4～5人のうち1人がひとり親家庭で、母親と同居している者がほとんどであった。父親と同居していたのは知る限りで1人のみ。離婚後、母親が再婚したケースも多い。そのなかに、新しい父親となじめないというボーイもいた。

そして2008年頃から、ハーフのボーイをよく目にするようになった。フィリピンが多く、南米系、ロシアなどが続く。

「ハーフの子が増えたのはそういう時代だから。日本の国際化にあわせてハーフが自然と増えてきた。今はいないけど、最近までフィリピンとロシアがいたかな。10人いれば2人はハーフかな」

2008年頃20歳前後のボーイは、生まれた年が1988年頃になる。ちょうど1987年に当時の運輸省（現・国土交通省の前身のひとつ）が『海外旅行倍増計画（テンミリオン計画）』を策定し、バブル景気の追い風もあって、海外旅行者は増加し、1990年には目標の1000万人に到達している。ウリセンに限らず日本にハーフが目立つようになったのは、政策による海外旅行の急成長が関係しているのは無視できないだろう。

――専業で働く子と兼業で働く子、どちらが多い？

「昔も今も兼業が多いよね。で、なんでかわからないけど、専業の人間はだんだん変になっていくんだよ。稼ぎをその日のうちに使い切ったり、ほかのボーイからお金を借りまくったり。そしてそのまま音信不通になったりする」

――ここまででボーイの特徴をまとめると、入店理由は昔は借金で今は生活費。専業より兼業が多く、働く理由は日払いであることが大きい。

「そう。あとは自由出勤というのも大きいよね。自分もダンサーだったし、役者の卵みたいな子もこの店にいるけど、オーディションや仕事が突然入ったりするから時間に融通が利く仕事って助かるんだよ。役者志望となるとウリセンで働くのも芸の肥やしになるしね。で、舞台のオーディションに通ったので、1カ月は練習、1カ月は本番で、2カ月休ませてくださいなんて言ったら、普通のバイトであればクビなんです（笑）。だからウリセンに役者が集まるのは自然なのかも。役者志望だと見た目もいいから店としても助かるしね。そういうこともあってウリセンに芸能志望や、夢のある奴が多いのは事実」

――その後、役者になった子はいる？

「本格的に役者になれた子はいないですね。稼げるようになってくると、役者になりたいという夢もうやむやになるみたいで」

芸能事務所に所属しているボーイは少なからずたしかにいる。大手事務所に所属していた者も。たしかそのボーイは、そのうち太客（高額を使う客）が付いて店を辞めたはず。パトロンを得たことになる。

――働いているうちに金銭感覚が狂うことはある？

「売れっ子はあるでしょうね。売れっ子は出勤前に予約が入っているし、あとはチップもあるから。月に１００万とか２００万稼ぐ子は過去にはいたけど、今はそんなに稼げないと思う。チップをくれる人も少なくなったし」

――今の売れっ子ってどれくらいの稼ぎになるんだろう？

「50～60とか、そんなもんでしょうね。出勤日数が多くて50～60だと少なく感じるけど、出勤日数が少なくて50～60はいいほうじゃないですか。ま、空いている時間に働ける自由度が魅力だから、ウリセンに来てると思いますよ」

――ボーイの仕事を始めるときにうしろめたさを感じることはあるのかな?

「あるでしょうけど、そこに関しては入る段階で割り切っているからね。でも、一生やる仕事ではないと僕は思います。どこかで遅かれ早かれ、昼の仕事に変わらざるを得ない。需要がなくなるから」

――若くないとダメってことだよね?

「そう。それに対しての安心感というのもあるんでしょ。これは一生していく仕事ではない、通過点だと。そのへんの割り切りがシリアスさを削ぐのかもね。30を超えたボーイさんもいるけど多くはない。だいたいが20代前半。ウリセンって年をとったら需要がなくなるからね。だから『やれるうちは頑張れよ』とは言う」


ゲイのお客さんは優しいんですよ。

指名したタイプの子に優しくする

――男にとってもセックスの仕事って大変?

「大変でしょ、それは。ノンケだったら（本来対象ではない）男とやるわけだし、ゲイのボーイさんであればタイプではない人とやるわけだし。そのへんは風俗嬢と同じ」

――風俗嬢はお客さんから「こんな仕事していると親が泣くよ」とかたまに言われるようなんだよね。ウリセンボーイも言われたりする？

「『親が泣くよ』というのはないかもしれない。ゲイのお客さんは優しいんですよ。指名したタイプの子に優しくする。理由はボーイさんに嫌われたくないし、良く思われたいから。風俗嬢が言われるのは、男特有の『カネを払っているのは俺だ』という意識から来るものじゃない？」

――その意識ってお金を出して性欲を解消することへのうしろめたさなの？

「うしろめたさじゃないね。優位性を感じたい。男って基本的に男尊女卑だから」

――男の人って女に説教をしたいものなんだ？

「うん。優位性、今でいうマウントみたいなのは女の世界特有のものではなくて、男の世界でもよくあるよ。大学のときに警備員のバイトをしていたんだけど、『あいつは使えない』とかとにかく人を貶めているのね。そういう話ばっかりしてるの。だけどそういう話をしている奴らはクズ連中。そういうところで少しでも優位性を持ちたいんだよ。

男って仕事に対するプライドがあるからね」

――優位性って支配欲みたいなもの？

「支配欲なのかなぁ。違うかな。でも、そういう人って職場であまりいい思いをしていないと思うよ」

――セックスワークは負の烙印を押されがちだけど、ウリセンはどう？

「まず、ウリセンが世間に知られていないからね。日本の文化なんじゃやない？　負の烙印（スティグマ）って。タイはそういうのないでしょ？」

私は2002年から2006年までタイのバンコクに住んでいた。性別問わずそれなりの数のタイ人セックスワーカーを取材し、紙媒体やネットで執筆していた。

――タイは階級社会だから、その時点で区別はするよね。私とあの人は違う階級だと。でもセックスワークへの偏見はあると思う。そう話したワーカーはいるから。もしかしたらセックスワークよりも階級へ対するスティグマなのかも。で、タイ人の中で成り上がり精神に欠けている人が多い気がするのは、階級が存在しているからだと思う。努力したところで階級が上がるわけではけしてないからね。

「ふ～ん。そうなんだ。なるほどね。日本は、サラリーマンが最高の仕事と思われている文化でしょ。風俗ってその真逆にあるような仕事でしょ？　だから風俗に対して何か言いたくなるんじゃないの？　優位性を感じたいがために福利厚生が充実していないような職業に対して」

――女性の入店を歓迎しないウリセンがあるけど、あれは法令遵守？

「コンプライアンスの一環でしょうね。オーナーの方針でしょう。女性に対する管理売春はぜったいにダメですから。大手だと警察も目を光らせるだろうしね。大手が女子への売春なんてことで警察が入ったら、ほかの店もひきしめるよね。うちは基本的に女性を入れてない」

２００６年以前の雑誌記事はウリセンボーイと女性客の間にセックスがあったことを明言しているものが多い。しかし２００６年以降は違う。そもそもウリセンがメディアに取り上げられる機会が減った。そして女性客の入店に対しては「オーナーの知り合い」等の条件をつける店が以前より多くなった。

「女性客が来ると、もめ事が増えるんですよ。色気が入るからトラブルが多くなる。恋愛感情が入ると厄介になるよね。警察事になったら困りますからね。その点、ゲイのお客さんて、割り切っているから。特にバー型はボーイさんにノンケが多いわけで、そもそも恋愛関係にならない。お客さんの永遠の片思いです」

――でも、ゲイのお客さんでも恋愛感情が入ると厄介になる人はいるよね⁉

「いますけど、少ないよね。冷静に考えてノンケの恋愛対象にはならないわけだから」

――ウリセンで働くことがゲイのステイタスと、以前読んだ本に書いてあったんだけど。

「ゲイの子であれば、ウリセンでなくても2丁目の店で働いていることがステイタス、という時代は、昔、思いきりあった。僕がボーイの頃とか。だから少なくとも10年前とかまではね。今はそうでもないような気がする」

――十年一昔って、言い得て妙だね。ステイタスの一方で「ウリセンなんかで働いているんだ」と蔑む目線もあるみたいだけど。

「ありますあります。それは個人の感覚の違いじゃないのかな。結果は風俗ですから。それを認知する人はマジョリティではないよね。働くほうも、けしてアピールするような仕事ではないとわかっていると思うし」

――10年間ウリセン業界にいて、お客さんの懐具合は変化したような気がしますか。

「懐具合は変わってないと思うけど、こういうところでお金を使って遊ぶおもしろさは、もうないみたい」

――それは違うおもしろさを見つけたから？

「そう。海外旅行とかね。ボーイを泊まりで指名して飯を食わしてとかするでしょ？　だったら海外へ行ったほうが安いだろうし。あとは出会い系でさくっと遊ぶ人も増えたと思うし」

――風俗嬢のなかには、リーマンショック以降、「お客さんの景気が悪くなってお金を使わなくなった」と言う人がいるんだけども、それは感じない？

「景気はもちろん落ちていますけど、ウリセンの場合は、僕の分析だと、2丁目で遊ぶ人たちがさっき言った理由で出てこなくなったためだと思う。出会い系でもアプリでも遊ぶ相手はすぐに見つけられるからね。で、飲む以外の娯楽の幅が広がった。そういうこともあって新宿2丁目が、以前ほどゲイにとって魅力的な場所でなくなってきたのかなと思います。お金持ちは山ほどいると思いますよ。ただ、そういう人たちがこういうところで遊ばなくなった結果かなと」

どうも自分を指名するお客さんは内容が普通ではないとわかってきた（笑）

彼は25歳のときに新宿2丁目でウリセンボーイとして働き始めた。ボーイとしてはかなり遅いデビューだ。そして自虐的に「ミスターお茶」（お茶＝お茶を引く。お客が付かないこと）と当時の自分を振り返った。

「当時は週6で出勤。オーラス（オープンからラスト）の18時から朝の5時までいた。それで指名が月に2本とかだからね（笑）。ミスターお茶、よく生きていけたわって思うもん」

――地縛霊だね（笑）。売れない自分にジレンマはなかったの？

「それはありましたよ。悔しいし、恥ずかしいし。周りのボーイからも何か言われていたかもしれないけど、もともと人目を気にする性格でないからね」

――マイペースな性格。

「そう。でも、多少は恥ずかしさを感じるときはあったけど、そんなに気にしてなかった」

——ボーイをやる前は何をしていたの？

「ダンスを教えたり、あとはコンビニでバイトしたり。バレエを教えてました。その前は大学生」

——なぜダンスなの？

「大学時代にダンスをやっていたから（笑）。ダンス部に入っていたんですよ。それでえらいハマっちゃって。もともとスポーツが大好きだったけど、2浪していたから勉強漬けの日々が続いていた。で、いい加減スポーツをしたいと思っていたし、やるならしたことのないスポーツをやろうと思っていて」

ウリセンには時おり日本在住の外国人や旅行者の外国人がやってくる。日本語が話せない人が多いのだが、彼はそんな外国人と英語でやりとりをしていた。単語と単語を適当につなぎあわせたその場しのぎの英語ではなく、しっかりとした英会話。そこには彼のこんな過去があった。

「僕、医者になりたかったんだよね。おばあちゃん子でおばあちゃんが病気になって、その病気を治したいなと思っていた」

それで受験したのは京都大学と慶應義塾大学の医学部。1年目は失敗、2年目も失敗。

「合格できる」と毎年周囲から言われていたにもかかわらず、結果が出せない。

「周りから太鼓判を押されるのに毎年結果が違う。で、『なんでだろう』と。僕、しつこい性格だから、次の年も同じ大学を目指したよね。ただ、2浪目におばあちゃんが病気で亡くなってしまった。そのショックが大きくて、どうでもよくなった。何かが弾けた」

　ここで医者の夢を諦めた。しかし特待生で予備校に通っていたこともあり、その恩を実績として返すことにし、岡山大学医学部を受験。

――で？

「合格しましたよ。もちろん」

――なんで入らなかったの？

「もう本当にどうでもよくなっちゃったから。あははは(笑)」

　そして東京にある宗教法人が創立した大学へ入学。祖父母の代から、熱心な信者だった。

「親父は医者になってほしいと言っていたけど、おかんがこの大学に入るのを喜んだ。もう勉強もしたくなかったからいいかなと。それでかわいい人がいたダンス部へ入った

（笑）」

浪人時代は毎日18時間の勉強。それを3年間。睡眠時間は3〜4時間。全国の模擬試験で8位になったこともある。

——志望大学でなくても医学部に合格したのなら、もう少し頑張ればよかったのに。

「どうでもよくなっていたんだよね。それにもう、納得したんだよ。自分のできうる限りのことをやった満足感もあったんじゃないかな」

21歳で大学に入学し、ダンスに夢中になった。25歳で卒業。就職活動は特にせずに、ダンスの道で食べていこうと決めていた。そして芸能事務所へ入り、オーディションに合格したらダンスの仕事をしていた。しかし公演が終わり次の仕事が決まるまで収入がない。バイトをしていても、オーディションが入れば突発的に休まなくてはならない。合格したらしたでしばらくバイトに出られない。時間に融通が利くバイトを探していたときに「日給3万円」の文字。25歳・元医者志望の彼にとって、それが怪しい広告であることは十分にわかっていた。

「怪しいのはわかって面接に行った。日払いで自由出勤。ウリセンを選んだ理由はそれだけ。ダンスを続けるためだよね。男と何をするのかも説明を受けて『やりますのでよろしくお願いします』と。で、僕、やりますと言った以上はやるから。中途半端にはしない」

受験勉強もダンスもウリセンの仕事も真面目に取り組んだ。

「でも、指名が付かなかったと。あはは。月に2本だからね」

——月に2本だと、月の収入はどれぐらいだったの？

「10万もないでしょ。でも、10万もあったら幸せでしょ（笑）」

——週6、オーラスで指名が入らず、どうやって生活していたの？

「保証金で。1日2000円出るからね。当時の家賃は3万5000円で自炊です。2本指名が入れば家賃分は稼げた。あとはオーナーの肩を揉んだり店の掃除をするといくらかもらえたから。貯金はできなかったけど、なんとかぎりぎりで生活ができていた感じ」

オープンラストで出勤し、お茶を引いた日は保証金が出る。ただ遅刻や早退をするとその保証金はもらえない。

——そういう状況なら指名が入ったときはうれしかったでしょ。

「うん。指名が入ったら超頑張っていたもん」

――NGプレイはなかったんだ？

「なかったね。4時間ベルトで殴られ続けるというのもあったし」

――なにそれ。そんなお客さんがいるの？

「いたいた。僕以外、付けられないという客はいた（笑）。僕しかプレイ的に対応できなかったんだよね。ほかのボーイさんは無理という」

――その人はSで、いためつけることに快感があるの？

「そうそう。見たことない？　○○○さんっていうイギリス人。『スズキサァ～ン』って言う人。最近はもう来てないのかな？　僕が英語が話せるから気に入ってもらったというのはあった」

――4時間殴るって、殴るほうも疲れるだろうし、殴られるほうは痛いよね？

「痛いよ。で、2週間、座れなくなる。背中をね、ずっと叩いてくるから。だけどダメージが残らない場所を知ってんのよ。それに、チップ込みで5万とかくれたからね」

――叩くのに性的興奮を覚えると。

「そう」

――チンコを舐めるとかもなしに？

「ないね。ベルトで4時間叩いているだけ。パンツ一丁で」

――パンイチで4時間ベルトで叩き続ける……。

「そう。それを××ホテルで」

我が家の近所のホテルでそんな痛々しい夜が展開されていたとは思いもよらなかった。

ハードなプレイだけに身体へのダメージも残る。

「だいたいその人に付いたあと、2週間は椅子に座れないくらいあちこちが痛いんだよね。でもさ、自分が休みの日にその人がお店に来て、誰も指名せずに帰ったと聞くと、休まなければよかったたって思ったよね」

書くのを忘れていたが、彼は自他ともに認めるドM体質だ。お客さんやオーナーの指示は、けっこう、いや、かなり律儀にこなす。

――ドM体質は昔から？

「たぶんそうだと思う。いつからかはわからないけど、昔から虐げられている自分が好きというのはあった」

――あはははは（笑）。

「高校生のときには明確にあった。中学生ぐらいからかな。だから、僕の常連客は内容がハードな人が多かったのかもね。チンコにわさびやラー油を垂らして、僕がもがき苦しむ姿を楽しむとか」

――ラー油って染みるの？

「すんごいよ。染みこんで痛みが来るからもう取れない。火で燃やしている感じ。金玉を指ではじかれたりするのもめちゃくちゃ痛い」

――金玉を指ではじかれるって痛いんだ？

「痛いよもう。吐くもん」

――吐く？

「吐く。思いっきりね。で、もがき苦しんでシャワーでやっとHだから。で、寝るまでフェラを3時間とか4時間ね」

――えー！　テクを駆使して早くイカせてラクをしようとは考えなかったの？　だって大変でしょう、そんな感じでお客さんに合わせていたら。

「そういう発想がなかったんだよね。指名をもらっているから、また指名されないと困るし。でも、フラストレーションがたまるから、たまにいじわるしていたけどね。それでもちゃんと次も指名が来たし」

――普通のプレイをするお客さんは付かなかったんだ？

「そうだね。でも、そういうお客さんしか知らなかったから、そういうものだと思ってた。優しいお客さんからの指名がなかったから。だけど、ほかのボーイとどんどん仲良くなっていろんな話をしていくうちに、どうも自分を指名するお客さんは内容が普通ではないとわかってきた（笑）。『飯食っただけでチップもらった』とか聞くとね。ただ、僕はそういうお客さんは付かないと自分でもそれは認識していた。そういうこともあって、当時はハードな人は僕が担当しますよ、という感覚でいたの」

ウリセンはデリヘルやソープやピンサロと違ってプレイ内容が決められていないので、2人になったときにプレイ内容を決めていく感じになる。もちろんNGプレイは事前に客側に伝えられるが、NG項目以外は何をしてもいいという考え方もできる。彼はもともと真面目で律儀でドMな傾向だったがために、顧客が求めるハードなプレイを粛々とこなしていたのだろう。

――当時の好きなタイプのお客さんは？

「僕を指名してくれるお客さんだね。あははは」

――苦手なお客さんは。

「いない。僕を選んでくれればなんでもやりますよと。指名してくれるだけでありがたいと」

――指名が入らない自分とその一方で飛ぶように売れる子がいる。見ていて何も思わなかった？

「ナンバー1はもちろん途切れずに指名が入ってたよね。でも、僕は、絶対ああはなれないとわかっていた。それを子供の頃に学んでいるわけ。何をやっても人より遅れをとるから。あいつと俺は違うんだ、あいつと同じ場所で生き残れる人間ではないというのを子供のときに学んでいる（笑）」

彼は2年間の極貧ボーイ生活を経て、その後、その店のマネージャーを5年務めた。そして結婚と同時に独立し、現在に至っている。

必要としてくれる場所があるし。だからちょっと頑張ろうかなと

四国で生まれ育った彼は3人兄弟の次男。祖父母と両親と暮らしていた。祖父母は自営業、両親は公務員。「普通の家庭でしたよ。厳格ではない。勉強しろと言われたことは一度もない」。豊かな自然のもと、のびのびと育った。

「勉強もスポーツもそんなに得意ではなかったのね。でもスポーツに関しては家で練習していたら、友達よりうまくできるようになった。そしたらモテるようになった。その成功体験があったから、一生懸命にやれば、なんとかなるんじゃないのという考え方になった」

中学生のときから成績が向上していく。

「中2から漠然と医者になりたいと思って勉強をするようになっていたんだよね。それにテストの点数が悪いのが嫌だった。人と比較してじゃなくて、点数が悪い自分に納得しなかった」

自他ともに認めるおばあちゃん子だった。

「病気で大変そうなのを見ていたから、子供の発想でね、医者になって治してあげたいなと。14ぐらいからなんとなく思っていた」

話はそれるが、以前、店へ遊びに行ったとき、性への目覚めの話になった。そこで彼が話す内容に腹をかかえて笑った。スエットを穿いてフル勃起させて近くのホームセンターへ行ったという話だ。

「エロ本に書いてあったんだよね。〝フル勃起していたら、飢えている女は声を掛けてくる〟って。だからよく、近くのホームセンターへ行っていたの。スエットで」

もちろん声を掛けてくる女性はいない。通報されなくてよかったというべきか。

「だって、13とかのガキじゃん。通報しないよ。不意の勃起だと思うでしょ」

その頃、英語の先生にも告白をしている。

「その先生、離婚直後だったの。何かのエロ本を見たら、〝離婚したばかりの女の人はうずいている〟と書いてあった（笑）。あはははは。当時から写真や活字に欲情するタイプでね」

セックスしたかったから告白したそうだ。

「家に電話を掛けた。『僕とデートしてほしいんです』と言ったら、一言『それはできません』って（笑）。そのあとの英語の授業が、まぁ気まずい」

10代は思春期らしい日常を繰り返して過ぎていった。そして大学受験、浪人生活、大学生活を迎え、ダンサーに。その後、生活のためにウリセンボーイへ。でも、お茶っ引き。

――ボーイをしてる頃は家族にウリセンのことは言ってたの？

「言ってました。ただ、実感がないんだよね。周りにそういう店がないから『はぁ〜』みたいな。別に何も言われなかった。『お前の好きなようにやれ』という感じ。ただ、『責任はとれよ』と」

ボーイを辞めたあとはその店のマネージャーになった。マネージャーは月給制なので生活は安定した。継続していたダンスの仕事が入ったときは店を休んだ。たしかに数カ月間、彼の姿を見ないことがあった。しかしダンサーの夢を断念せざるを得ない出来事がやってくる。

「でかいオーディションがあったのよ。その作品は、僕がやっているダンスをしている人は憧れる作品だった。事務所からも『キミなら受かると思うから頑張って』と言われたわけ。で、そのオーディション前日に店に出勤したら、僕が営業して呼んだお客さんが来て、シャンパンを4本くらい入れてくれた。だから、僕もガンガン飲むでしょ。で、次のオーディションの日に、僕、寝過ごしたの。それで事務所もクビ」

――え――――――っ！　それは初耳。でもそれ、暗示していたのかもね。

「そういうふうに認識したの。これはもうウリセンをやれということだなと思って、『ご迷惑をおかけしました』と言って事務所を辞めた。それで一切レッスンも止めた。それで一気に太ったの（笑）。週5回はレッスンを受けていたからね」

この取材で初めてダンスを止めた理由を知ったが、たしかに彼はある日を境にめきめきとおもしろいように太っていった。

――食べる量は変わらず。でも、運動量は減った。それは太るよね。

「1日2時間の週5レッスンを止めたらそれは一気に太るよね。かなりの運動量だし」

――それで潔く辞められたんだ。

「性格というかね、受験もそうじゃない。1日18時間、勉強しても駄目だったから諦めがついたし、これもね。しゃあないと」

――そこで就職しようと思わなかったんだ。

「そうだね。必要としてくれる場所があったし。だからちょっと頑張ろうかなと」

――家族はウリセンのオーナーをしていることも知ってる？

「もちろん。兄貴はオープンの日に店に来てるから（笑）」

――結婚してたでしょ？　子供も生まれたでしょ？　実家の人は知っていたんだよね？

「伝えたよ。子供が生まれたのも。ただ、子供に会わせることはできなかったけど」

——離婚した理由は？

「いろんな理由があるんだけど、直接的なきっかけは、子供が近くにいないということだったね。悲しかったというか。自分の子供のようでそうじゃないというか。うちの親が病気だというのに会わせられないしね」

彼は中国人女性と結婚した。結婚するのでマネージャーを辞め、独立し、店を持ったのだ。間もなくして子供が生まれるも、なぜか子供は奥さんの祖国である中国で育てられ会うこともままならなかった。たまに中国へ会いに行くと、父である彼を見て泣き出す始末。それを笑い話で聞かされていたが。で、そういうこともあり、間もなくして離婚。

——奥さんは夫がウリセンのオーナーであることを知っていたの？

「知ってたよ。ウリセンがどういう店なのかも知ってた。店に遊びにも来てたしね」

——家族を養って理想の家庭をつくろうと独立したのに。

「こけたね（笑）。これも僕の人生らしくていいんじゃないですか」

そして現在の彼女も中国の人だ。なんだかんだで中国に縁があるようだ。

——付き合うのが中国人なのは偶然？

「知り合いに中国人が多いというのもあってね。中国人のコミュニティってけっこう広いんだよ。声を掛けてもらって遊びに行っているうちに中国人と知り合う機会が多くなる」

――日本人とは知り合わないの？

「根本的に僕は日本人にモテないと思うから。高校生ぐらいでわかった。中1、中2、中3、高1、高2で毎年告白をしていて、毎年振られていたから。告白はするけど、されたことはないです（笑）」

――ウリセンのボーイとオーナーを経験しているわけだけど、どう？　この仕事は大変？

「ほかの仕事をしたことがないからね、比較できない。けど、夜の仕事を12年やっているから、昼の仕事に憧れるときはありますよ。でも、原点を振り返ると、自分はそちらのジャンルの人間ではないと思うからね」

――ずっとこの店を続けてく？

「できる限りはね。体力勝負なので、頭の回転や体力がものを言うわけ。頭も使っている限りは年齢関係なく老化しない。でも体力は落ちてくるので、自分の仕事のやり方だと50歳ぐらいが限界かなと思っています。そういう意味でずっと続けられるかに関しては何とも言えない」

――ナンバー1とか、売れっ子だったウリセンボーイって、今、何してる？

「同期で入った子は、自分で会社を興しているね。社長。資金稼ぎでウリセンにいたわけではなさそう。青春の1ページぐらいの感じじゃないのかな。もうひとりは歌舞伎町でナンバー1ホストになっている。連絡を取る人自体がほとんどいないので、その後どうしているのかあまり知らないのが実情。だから辞めたボーイさんから報告があるとうれしい。いま、うちのお店にいるボーイさんで、ウリセンを経営したいというのであればいろいろと教えるつもりだけど、そうでない子たちには、いずれは昼の仕事でちゃんと食っていけるようになってほしいなとは思います」

――ボーイ時代を一言で言うと。

「いい思い出でしょうね。それは今だから言えるよね。今、ホームレスだったらそうは言えない。今、延長線上でお店を持っているからそう言えるのであって。人間って今で判断するから。成功していれば昔があるから今があるんです、って、皆、言うと思いますよ」

「ウリセンに出会えて良かったと思います(笑)。変な話をしてますけど、本当、ウリセンと出会えて良かったです」

自己評価が低く、ノーと言えない〝気ぃ使い〟な売れっ子［28歳］

「一番稼いだ月は180万弱ですね。自分でも驚きました。チップが10万とかすごかったんですよ。正直、チップとはいえ、度が過ぎてない？　って思ったこともあります。そういうこともあって300万の借金は3カ月で返せました」

最高月収180万、借金総額300万、それを3カ月で返済。稼げないボーイの話を聞かされることが多いので、出てくる数字にいちいち反応せずにいられない。

「180も稼げたのはそのときだけでしたけど、平均して50万から100万の間は、いってました。調子が悪いかなと思ったときでも、絶対に50万は超えてましたから」

売れっ子には売れっ子の理由がある。恵まれた容姿、ホスピタリティー（ウリセンの場合、多彩なプレイへの順応）、性格の良さ（ウリセンの場合、愛想の良さ）と、このいずれをも持ち合わせた彼は、あるウリセンバーでナンバー1をキープしていた。このウリセンバーに私もよく出入りしていたので彼とは顔見知りだった。長身ではないが小さな頭、長い手足とバランスのとれたスタイルに、整った顔の造作と儚げなまなざし、そして会話が途切れない人懐っこさ……。理由をみれば納得のナンバー1だ。それだけに取材には応じてくれないだろうと思っていた。ノンケのボーイは警戒心が強い印象があったし、売れっ子であればプライドが高く取材しにくい……という、これは私の勝手なイメージ。よって、わずかな謝礼の申し出を一蹴され相手にされないと思っていたからだ。彼への取材が決まる前に、知り合ってから長い売れっ子ボーイに取材を断られ弱気になっていた。しかし彼は取材に応じた。それどころかノリも良ければ気遣いもできる。彼がナンバー1をキープできたのは〝もしやこの子、自分に好意があるのでは？〟と勘違いさせてしまう愛想の良さも一因であろう。しかしそれが30分以上も続くと、その様子が不自然にも見えてくる。少なくとも私にはそう思えた。取材に応じてくれたのも、ノーが言えない性格からのような気がしてきた。

「ただの気ぃ使いなんです。お客さんでもたまにすごく上から目線の人がいて、『土下座して謝ってよ』とか言ってくる人がいるんですけど、僕は母親で慣れているから、そういうのが余裕でできちゃうんです。でも、本当はつらいし嫌なんです」

『仕事だからしゃぶんなきゃいけないんだよ』って説得をされてしゃぶらされました

彼は現在28歳。新宿2丁目のウリセンで働き始めたのは5年前、23歳のときだった。

「その前は歌舞伎町で半年ぐらいホストをしていました。そしたらお客さんに飛ばれてしまって売り掛けを回収できなくなった。全部で300万近くです。店長に『自分でカードを切って払うしかないよ』と言われて切られちゃいました（笑）。それでもまったく足りなくて」

話をまとめると、彼を指名していたお客さんがツケで飲み続け、総額が300万ぐらいになった頃に突然、行方不明になったということだ。ホストクラブではありふれた話と言えよう。売り掛け（ツケ）を回収できなかった場合はホストが負担しなければならない。つまりそのままホストの借金になる。ホストクラブは女性たちが搾取される場だとよく言われるが、男性も搾取される場でもあるのだ。売り掛けの未回収分を支払うためにウリセンで働き始めたという話を聞くのはこれが初めてではない。

「それでいろいろと仕事を探しているときに『月収１００万も可能』みたいなことが書かれてあったところへ面接に行きました。場所も２丁目だし、なんか怪しいなと。それには何かわけがあるのだろうと思ったけど、そんなことを考える余裕はなかったので、とりあえず行ってみました。『月収１００万』というその値段だけで決めました」

彼はそのときウリセンの存在を知らなかったので〝男性相手のバーテンダーか何か〟くらいのイメージで新宿２丁目へ赴いた。店の扉を開ければ、いかにもなオネエ言葉を話す男性２人。

「やべぇ、変なところに来ちゃったと思いました。『帰ります』って逃げようと思ったときに、奥にいたマネージャーに引き止められて説明を聞かされたんです」

ひと目見て〝売れっ子になる〟とマネージャーは確信したはずだ。マネージャーから１日の稼ぎを熱心に説明されているうちに彼は決心がついた。

「普通にアルバイトをしていたら絶対に稼げない額だったし、追い詰められているし、これは勢いが大事だと思って『じゃあ、やってみます』と」

〝男性へ性的サービスをするお店〟ということは面接のときに知らされた。1984年の雑誌に、ウリセンボーイ3人の座談会記事が掲載されている。このなかでも面接で初めて「お客の八～九割が男性客」で「男性とのセックスが主体です。」と知らされたと、ボーイたちが話している。「それがイヤだったらお帰り下さい。よろしかったらきょうからやってもらいます」と続く。スポーツ新聞の「ホスト募集　自由出勤　服装自由ジーンズ可　日給一万円以上　月収四十万円」とおいしい求人文言を見て3人とも面接へ出かけている（「創」1984年3月号）。

30年以上を経た現在は、情報が拡散されたこともあり、求人広告を鵜呑みにする若者は減少したと思うが、ノンケはゲイの知人が身近にいない限りウリセンを知る機会に恵まれないのも事実で、それにより罠にかかる若者があとを絶たないのも事実だ。しかし労働を強要されたと、自発的に被害の声をあげる者にも知りうる限り出会ってこなかったということも、くどいようだが記しておく。

この座談会記事は15ページにもわたる壮大な企画で、当時のボーイたちの本音が赤裸々に語られている。このあとも現代との比較対象にたびたび登場する。

さて、彼の話――。面接が終了した直後に働くことになった。ウリセンボーイも風俗嬢と同様、本人の決心が揺らがないうちに店の常連客をつける業界のならわしがある。

彼の初めてのお客さんも、マネージャーによると「いい人」という前評判だった。が、彼は初日の仕事を終え、「こんなんじゃ完全に体がもたないです。もう辞めます」とマネージャーに電話している。それほどまでに過酷で鮮烈なデビューだったからだ。

「面接が終わってすぐにマネージャーから『ロング（夜22時〜朝10時）が入ったから出ようか』って。その人は常連さんで、お店へ来ることもあったけど、そのときは出張でその人の自宅へ行くように言われたんです。駅近くで待ち合わせたので行ってみると、暗闇からその人がやってきて『君ぃ〜？』って。キャラクター的に〝うわぁ〟という感じの人で」

――で、どうなったの？　「君ぃ〜、シャワー浴びてきなよ」みたいな？

「正直、シャワーも浴びなかったです。その人、テンションが上がっていて、もう今すぐにやりてぇみたいな感じになってました。すごくこってりしたプレイでした。最初にチューして、で、いきなりしゃぶられて、『仕事だからね』って言われて、自分もちょっとしゃぶって」

――「仕事だからね」って言われて、しゃぶったんだ。でも男のチンコをしゃぶる経験なんて、それまでになかったでしょ？

「ないですよ。でも、『仕事だからしゃぶんなきゃいけないんだよ』って説得されてしゃぶらされました。『仕事』と言われると、やらないと駄目だと思うから。もう、勢いでやりました」

――何も知らないのをいいことに利用されてしまったんだ。で、どうだったの？　その後。

「もうすごいですよ。『お尻でフィニッシュするまでがこの仕事だから』って、めっちゃ何回も言われて」

――いきなり初日でアナル⁉　お尻を使うときいわゆるシャワ浣（シャワー浣腸の略。これをすることでアナルの汚物を洗浄することができる）をゲイの人はするじゃない。

「それなしで」

――え⁉　いきなり突っ込まれたの？　それって痛くなかったの？

「すごい痛いです。痛みしかなかったです」

――最初、指でほぐしてくれたりもしてくれなかった？

「ありましたけど、すごく雑ですぐに入れられました。くっそ痛かったです」

――でも、面接のときに「嫌なときは断っていいから」とか、「アナルはNGにする？」とか、マネージャーからそういうことを聞かれるよね？

「軽くざっくりの説明で、僕もお金が欲しいから『とりあえずお金が欲しいので、なんでもありで大丈夫です』という感じのことを言っちゃってた。だから『オールプレイOKにしとこうか』みたいになっていたので」

ウリセンにも、ボーイのプロフィール表があり、OKプレイとNGプレイが併記されている。バック・タチ（アナルへ挿入する側）〇、バック・ウケ（アナルへ挿入される側）×、といった具合に。ノンケのボーイだと、「慣れればウケのほうが仕事としてはラク」というボーイや、「絶対にケツ（を使わせるの）だけは無理っす」というボーイもいる。人によって言ってくることが違ってくる。

――それまで掘られた経験はもちろんないよね⁉

「ないですよ。で、1回目が終わって、シャワーを一緒に浴びることになり、そうしたらまたムラムラしてきたらしく、その場で2回目。くそいてぇなって。最後は朝の起きがけの1回。一晩で3回もやられたんです。初日からそんなこってりで、帰り道にマネージャーに電話したんです。『もう辞めます』って（笑）」

――そしたら？

「マネージャーから『もう1回チャンスをくれ、もう1回出勤してよ』と言われて」

――初日でいきなり3回もアナルだと痛いよね……。

「その後、しばらく経ってからそのお客さんにまた指名されたんです。そしたら全然無理強いをしてくる人ではなかったんですね。もともとアナルを使ってのプレイはしないお客さんだったみたい。だからマネージャーは初日に付けてくれたんですけど、そのときはテンションが上がっちゃったようで、3回もやられた」

――タイプだったのかもね。〝イケメンだわ！〟みたいな感じで。

「いろんなお客さんに聞いた話だと、僕のお尻を見た瞬間に、『こいつの尻を掘ってやりたい』と思わせるキャラクターらしいんです。掘りキャラで（笑）」

――かわいいお尻とか？　プリッと上がっているお尻とかそういうこと？

「そんな感じのことを言ってました。『見るからにノンケなのに、お尻だけはプリッとしていて絶品だ』みたいな感じの言われ方は、何度かされたことがあります」

――プリッとしたお尻に秘密があるんだね。で、初日に3回も掘られてマネージャーに連絡をして、その後は出勤したの？

「僕もお金を稼ぎたかったし、マネージャーから『もう1回チャンスをくれ』と言われたこともあって次の日も出勤したら、すごく優しいお客さんだったんです。その人がまずチップをくれたんです。３万ぐらい」

最初に『なんでこんな仕事してるの？』みたいなこと、ほとんどの人が聞いてきます

初日でまさかの３回戦を強いられた次のお客さんはおじいちゃん。絶品のお尻を持った〝掘りキャラ〟である彼の快進撃はここから始まる。

「何もプレイせず、添い寝だけでチップが３万円もらえました。その次のお客さんが弁護士で、チップ10万円。その２日間だけで20万近くが稼げたから、これは３００万も返せるぞと思って本格的に働く決心をしました。18時から朝の5時までの週6出勤です」

３人目のお客さんである弁護士は、必ず彼を週イチで指名し、10万超えの高額なチップを手渡してきた。それで彼は入店ひと月目に、１８０万円を稼ぐことができたのだ。

「指名料のほかにチップというプラスがある。そのチップは本当にでかかったです」

彼はその店で1年半近く働き、一度退店している。借金を完済、正規雇用の昼職を見つけ、念願だったマンション住まいになったからだ。彼はホストを辞めウリセンで働くようになってから、ネットカフェを寝床にしていた。

「ネカフェ生活に限界が来て、住みか欲しさに昼の仕事を始めました。でもそういう子、けっこう見ましたよ。それこそ風俗の女の子がスーツケースを持って泊まってました。ホスト時代のお客さんと会ったりもしました。俺は最低限の荷物しかないから、それをネカフェのブースに持ち込んでた。普通に寝られるんですけど、大変でした。姿勢が悪くなります」

一晩2700円。月あたりおよそ8万1000円なので、彼の稼ぎからいえばすぐに部屋を借りられたと思うのだが、不動産屋にウリセン勤務とは言えないし、適当に職業を偽っても審査が通らないと思い、ネカフェ生活を送っていたそうだ。ウリセンの社会的信用度はきわめて低い。

「もしフリーターと言ったとしても、給与明細を見せてくださいという展開になったら完璧にアウト。だから正社員になって部屋を借りました」

ナイトワーカーのためにアリバイ会社もあるのだが、彼はアリバイ会社の存在を知らなかったようだ。ネットカフェ生活に限界が来て正規雇用の仕事を探し、採用。マンションを契約し、その後ウリセンバーを退店、という流れになる。

――週6のほぼオーラス（オープンラスト）出勤で1年半。その後退店したのはマンションを借りるという目的を達成したからだよね？

「はい。お客さんに『ずっとウリセンで働いていてもしょうがない』と言われてたので、そうなのかなと思って。お客さんはそういうことを言うじゃないですか。辞めたほうがいいって」

――そうなんだ⁉　自分は遊びに来てるのに？

「最初に『なんでこんな仕事してるの？』みたいなこと、ほとんどの人が聞いてきます。『早く辞めたほうがいいよ』と言ってプレイになりますから（笑）。けっこう矛盾してますよね。そういうことを言う人に限って、最後までちゃんとしっかりやって帰ります。そういうお客さんばかりですね」

――風俗嬢もお客さんから仕事を始めた動機を聞かれるそうなんだけど、ウリセンでもお客さんは同じことを言うんだね。

「ほとんどの人が『なんで始めたの』『早く辞めたほうがいいよ』と、それは言います」

――どう返事してるの?

「もう段取りは決まってます。『借金があるんですよね』とか。『格好を見ていると借金がありそうにないよね』と言われたら、『ストレスがたまると服を買っちゃうんですよ。でも(これが)お気に入りなんで実は毎日(同じ服を)着ちゃってます』って返します」

――女性客もそんな感じのことを言う? 「早く辞めたほうがいい」とか。

「女のお客さんのほうがそれはないかもしれないです。どちらかというと女のお客さんは、自分の欲をストレートに伝えてくれますよね。例えば『彼氏になってよ』とか。そう言われたら返事はしやすいですから。『この仕事をしているうちは恋愛は考えられません』とか言えばいいんで。ゲイのお客さんは少し見下し感がある」

――風俗嬢に対しても見下し感のあるお客さんがいるんだけど、ウリセンにはそういうイメージがなかったんだよね。でも、違うんだね。

「でも少ないと思います。風俗嬢の人たちより」

――言いたくなる理由を考えたことはある?

「やっぱり下をつくりたがる、人間のちょっとした本能じゃないですかね。なめてかかるというのはあるんじゃないですか。自分はお金を払っているんだという意識」——ゲイのお客さんって、ゲイだけどノンケのボーイを選んでいるという気持ちから、申し訳ないとへりくだった感情があって、だから優しい人が多いと話す人もいるんだけど。

「そっちのパターンと、逆に強気に出るパターンのどちらかですね。オネエ系は強気になる人が多い気がします」

女性客よりもゲイのお客さんがおせっかいな質問やアドバイスをしてくる——。ほかのボーイから「ゲイのお客さんは総じて優しい」と聞かされていたこともあり、彼の言ってくることは予想外だった。彼の返事から導き出されることは、男性はセクシュアリティにかかわらず優位性を感じたいということだろう。参考までに1984年の座談会記事に目を通すと「俺はお前を買ったんだぞ、という主従関係をはっきり示す客が最近は多くなったよね」と、ボーイのひとりが話している。

お客さんからの「早く辞めたほうがいい」というアドバイスの通り、手厚い福利厚生がある昼職に就いた彼は、その後ウリセンバーに復帰したのだが、昼職との兼ね合いから出勤数を減らした。しかし毎月ナンバー3には入り、収入も50万から100万の間をキープ。その後いろいろあって現在はバー型ではなく、出張型のウリセンへ移っている。

——ウリセン専業で働いたほうが稼げると思うんだけど、昼職と兼務する理由は何かあるの？

「やっぱり社会的信用です。何をするにも必要になりますから。福利厚生の面もあるし」

——ということは、夜職を専業にしない一番の理由は、社会的信用が得られないということになるよね。

「そうです。お客さんは『早く辞めたほうがいい』とは言うけれど、なぜそう思うのか、その理由を具体的に説明できる人って少ないと思います。というか、僕が『なんで辞めないといけないんですか？』と言ったときに答えられない人が多かったです。現に僕はウリセンでいろいろなことはあっても結果として得をしている。だから僕、お客さんとそういう話題になったときに勝っちゃうことが多いです」

——なるほどねぇ。たしかにそうだよね。ウリセンの仕事にも慣れて、しかも稼げていて、昼職のほうで社会的信用をキープしている。掛け持ちで働くのが、両方のいいとこ取りができて一番いい働き方かもね。

「それが一番いい流れだと思います。いい思いをしている奴ほど居座るんです。現に僕もウリセンに居座ろうと思ってるのは、完全にいい思いをしているからですよね。ただ、売れなくなったときに、昼間の仕事をしていない人っているやないですか。どこにも所属できない状態になるから、たぶんそういう人はアウトですよね。僕、それだけは避けたいので」

「なぜ夜職（風俗）を続けてはいけないのか」「早く辞めないといけないのか」に彼は明確な結論を出し、私に伝えてきた。彼は座学ではなく、数年のウリセン生活から説得力を伴った彼なりの真理を得たのだった。

「僕は、ウリセンボーイになって良かったと思っているし、今のところ得しかしていません。リピーターのお客さんは僕という人間が気に入って指名してくれる。それ自体、人として難しいことだと思う。しかもウリセンの仕事には完全に慣れていたので、戻るのが一番得だろうと思った。昼職の合間の限られた時間でできる仕事だし、稼げているのであれば働いたほうがいい」

――ちなみに今まで知り合ったボーイはどういう理由で辞めていった？

「仕事内容がつらいというのが多いです。そこは僕がいくら説得しても駄目ですね。それは人間の感覚というものやから、しょうがないと思っています」

中学生のときにいきなり校庭に現れたやくざみたいな人が父親だったんです

取材早々からなじみのないアクセントが気になっていた。が、この訛りは聞いたことがある。彼と同じ出身地のタレントの訛りだ。彼は九州で生まれ育った。

「田舎です。電車はなくてバスが1時間に数本とかそういうところです。すくすくと育ったほうやと思います。ひとりっ子です。頭は良くないほうなんで、高校はいいところに行けなくて」

中学生まで母子家庭だった。と過去形なのは、中学のある時期から父親と同居することになったからだ。

「父親を知らなかったんです。で、中学生のときにいきなり校庭に現れたやくざみたいな人が父親だったんです。オールバックで全身ルイ・ヴィトンみたいな格好で来た。最初はびっくりしたのと腹立たしさといろいろな感情がありました。けっこうお調子者だったので、あんまり好きじゃなかったです」

　彼自身も事の詳細は知らされていないそうなのだが、彼の話によると、彼の母親が彼を妊娠したあたりから父親が行方不明になり、ずっと捜していたそうなのだ。で、父親が見つかり、彼が中学生のときに同居することになった。不思議と言えば不思議な家族。

——思春期の頃に突然帰ってきたわけじゃない？　もやもやしたでしょ？

「いろいろありました。イライラももちろんありました」

——でもすごいよね、お母さん。ずっと捜しまわっていたということ？　見つかってよかったよね。

「母親の性格だとそれはわかるなみたいなところはあります。そういう母親です。短気で病み性というか」

——手を上げられたりとかしたの？

「それに関しては僕のほうが強かったから、そういうときもあったけど全然怖くなかったですね。ただ、『死ねばいい』『お前なんか必要ない』とかいろいろ言われましたけど。そんなのは全然ありました」

——どうしてそんなふうになっちゃうの？

「よくわからないけど、ストレスだったんでしょうかね」

――小さい頃に浴びせられた罵声って記憶に残るよね。

「頭の中にずっと残りますね。幼稚園のときに言われたことや、されたことはずっと覚えていますもん。そういう話を母親にはしませんけど。たぶん言ったとしても覚えてないでしょうし」

――でも、そういう話ってよく聞くんだよ。両親が離婚した場合、引き取って親権を持つのは圧倒的にお母さんが多い。でもお母さんも生活をしていくうえでストレスがたまるので、子供に八つ当たりをしてしまう。

「うちの母親は完全に僕に当たっていましたね。今となってはそんなこと、気にするまでもないですけど」

――それは大変だったね。家でお母さんと一緒にいるの、けっこう苦痛だったでしょ。

「そうですね。嫌でした。高校を卒業して上京したときに、母親との時間が本当にストレスだったんだなと気づきました（笑）。ひとりでいる時間はこんなに快適なんだって。正直、東京に住むほうが楽しいですね」

自己評価が低いから、ウリセンでは逆にいろいろな挑戦ができるのかな

ウリセンボーイに話を聞くようになって、ひとり親家庭が多いことに気づく。幼い頃に虐待とまでいかなくても母親から手を上げられた、暴言を吐かれたという人が多い。まるで昨日の出来事かのようにこと細やかに話す。鮮烈な記憶として幼心に残っているのだろう。その後、多くの思い出が蓄積されても幼い頃の記憶は上書きで相殺されることなく、まったく別の場所に影を落とす形で保存される。日本のひとり親の貧困率は先進国で一番高い。母子世帯の年間就労年収200万円以下が58・1％（約6割）という統計も出ている（厚生労働省「平成28年度全国ひとり親世帯等調査」）。経済格差は学歴格差を生み、親のストレスは子へ向けられ、おそらくそれは高い確率で連鎖していく。

——いわゆる自己評価が低い？　そう感じることはある？

「母親にいろいろと言われてきたのもあって、評価は低いですね。小さい頃から『馬鹿』と言われてきたから、本当に自分は馬鹿なんだと思っていたし、『死ね』と言われたら、死んだほうがいいのかなと思うじゃないですか。そういう思考回路でずっと生きてきた

んで。自己評価が低いから、ウリセンでは逆にいろいろな挑戦ができるのかなと思います」

――指名が入ると「僕を必要としてくれている」みたいな、承認欲求が満たされる感じもある？

「率直に指名はうれしいですね。リピーターになってくれるお客さんは、嫌とかより、純粋にうれしかったです。必要とされているんだなって」

――家庭環境が似たようなボーイ、お店にいたんじゃない？

「そうですね。家庭環境が悪そうな奴はいましたね。いい奴だけど、いろんなものがズレていた奴はいました。箸の持ち方とか、とにかく食べ方がなってない奴とか」

――家庭環境が悪いボーイって必ずいるよね。話を聞くとけっこうショッキングなことをさらっと話してくるから内心驚くんだけど。

「そういう奴ってちょっとした優しさに敏感なんですよ。めっちゃお客さんにかわいがられると、そのお客さんが多少の無理を言っても好かれたいから頑張る。汚い話ですけど、『俺のうんこ食って』とそのお客さんが言って、本当に食った奴もいますから。ノンケのボーイだったんですけど、自分に良くしてくれる人が大好きみたいな感じでした」

――なんか切ないね。

「あの感じからすると、そういう家庭環境やったんだと思います。やたらとお客さんにニコニコしながら話す奴とかは、大体そういうパターンが多いです。僕もそういう闇があるから、気持ちはすごくわかる。だからそういうボーイと平気で話もできる。普通の家庭で育ってきてたら、うんこを食う奴なんて拒絶すると思うから」

――でも、そうやってお客さんのいろいろなリクエストをこなしてしまうと、ドMだと思われるんじゃない？

「僕、お客さんに『お仕置きしてください』と言わされたことありますよ。でも普通に言えちゃいますから（笑）。だから、ドMだと言われますよね。でも、ドMでもなんでもなくて、単に気い使いなだけです。本当は嫌です。いい人って思われるんですけど、自分的には超ストレスを感じていたりするんです（笑）」

――お母さんは、お父さんが蒸発というか行方不明になって、いろいろなストレスがあったのかな。

「その辺はよくわからないけど、キッチンドランカーになったこともあるし、いろいろありました。そういう姿を見てきたから、いろいろ気を使ってばっかりでストレスがたまって。だからひとり暮らしになった瞬間、解放されたと思いました。顔色を窺いながら生きてきたので」

交際中の昼職で知り合った恋人は、彼の過剰な気の使い方にストップをかけてくれる女性なのだそうだ。一緒にいてもストレスを感じない、彼は彼女のそういうところに居心地の良さを感じていると話した。

彼が沈黙を嫌うようにニコニコとずっと話し続けるのは、彼の言葉を借りれば〝気ぃ使い〟な性質由来のものだった。ここ10年ぐらいのウリセン通い（フィールドワークだ）で気づいたことは、家庭環境に恵まれなかったボーイは、彼の言葉の通り愛情に敏感だということだ。プラスの感情を感知すれば全身で身を預けてくるような笑顔で近づいてくるし、マイナスを感知すれば存在を消すようにさっと離れていく。そういう共通点があった。

高校卒業後、彼は上京し、寮付きの会社に就職した。そこで人間関係が悪化し、家族の反対を押し切って退職。辞めたはいいが、住みかがなくなった。そのときに出会ったのがホストクラブのスカウトだった。「たぶんスカウトの人って、僕みたいに困っている人がわかるんでしょうね。声を掛けられました」。寮付きが決め手だったが、働き始めて半年後にはおよそ３００万円の借金を背負う。そこからはこれまでにお話しした通りだ。地方出身者や経済的な困窮者にとって、寮付きの雇用条件がどれほど魅力的かがわかる。学歴・経験不問の社会は生活環境を整え若者たちを待っている。その社会にナイトワークが多いのも事実である。

やっぱりバイ率が高いですね。子供がいる人もいました。偽装結婚している人もいました

ここからは彼が接客したお客さんについてまとめたい。彼が付いたお客さんは当然ゲイで、経済的余裕のある40代半ば以上が多い。と、まとめたいところだが、セクシュアリティとは実に曖昧なもので「バイセクシャル率が高い」と彼は話す。

「バイの方というのはけっこう多いんだなと思いました。女性をまったく受け付けないこってりしたゲイの人もいますけど、やっぱりバイ率が高いですね。子供がいる人もいました。偽装結婚している人もいました」

この場合の偽装結婚は、同性愛者（またはバイセクシャルなど）であることを相手側に開

示していない。異性と性行為や交際もできるが、性的指向は男性という人の婚姻はゼロではない。社会的体面は保たれる。個人的には双方がセクシュアリティを開示し双方が納得したうえでの婚姻に異論はないのだが、そうでない場合はやはり複雑な感想を抱いてしまう。自分がされたら単純に嫌だからだ。もちろん結婚したものの、どの性が恋愛対象になるか、性自認がどれなのか長く揺れ続ける人もいるので、偽装結婚＝悪ではけしてない。同性愛を自覚していての婚姻でも、義務（スキンシップ、労働）を果たし、相手を不安にさせない生活ができていれば、それは素晴らしいことだと思う。

「リピーターだった人も家の関係で結婚すると言ってました。女性にはあまり興味ないって。正直あれは偽装結婚だと思います」

――奥さんになる人、それを知ってるのかね。

「お見合い結婚みたいです。絶対に結婚は必要らしく、仕方なくすると言ってました」

――その男性もつらいといえばつらいだろうけど、奥さん、何も知らないで結婚するんだ……。それで、セックスレスとかになるんだろうね。

「そうですね。たぶんそのパターンですね」

――で、奥さん、セックスレスでストレスためてウリセンに来たりして（苦笑）。

「で、お店で旦那さんと会っちゃったりして（笑）」

タイ在住時に、妻子がいて、妻の死去後、もしくは子供の独立後など、なんらかのタイミングで、第2の人生をゲイフレンドリー（LGBTフレンドリー）の南国タイで送る年配の男性たちと会った。1人や2人ではない。いずれもカミングアウトをタイではしていたが、日本在住時は異性愛者の振る舞いをしていたそうだ。結婚し、一家の長となり子孫を残す。男性、妻、子供と、それぞれの立場でその人生に想像力を働かせていろいろと考えてみるが、悪役のいない戦隊ショーみたいなもので、永遠に結論が出せない。誰もが自分に正直に生きられる社会。聞こえのいい言葉の実現には、険しい道しか見えてこない。

――ゲイのお客さんてノンケの何がいいんだろう？

「聞いた話によると、女性から見ても、弱々しい男性というのはモテないというか、あまり萌えないじゃないですか。それと一緒の感覚みたいです。こっち来いやみたいな強い感じに惚れたりするみたいで。結局、見方は女性と同じなんです」

――ノンケが持つ男らしさがいいということ？

「そういう感じが多いです。要はあの世界にないものを求めている」

――ゲイ同士だとどっちもオネエになっちゃうってことだよね。

「そう。なかなか比率的に男らしい感じの人は少ないらしいです」

――男らしいゲイ……。たしかにあまり見たことがない。

「お客さんからいろいろな2丁目事情を聞きますけど、ゲイだけど男らしいという人に限ってモテてます」

――リバ（「ウケ」＝掘られる側と「タチ」＝掘る側の両方が可のこと）とは自称するけど、ネコ（ウケ）寄りの人が多いってよく聞くしね。タチって年代によって少ないそうだよ。40代は特にそうみたい。ほかの年代は違うみたいだけど。ゲイ友の話を総合するとそうなる。

「だから掘ってほしいというお客さんは多かったですね。僕はサービスのバリエーションが多かったから指名が取れたんだと思います。ノンケのボーイはやっぱり嫌がるじゃないですか。そこまでしてお金を稼ぎたくないみたいな。掘られるのも嫌だけど掘るのも嫌、フェラや手コキでイカせて終わらせたいという。僕は掘るも掘られるもOKだったので。だからサービスがいいとはよく言われたし、今も言われています」

――ウケもタチもできるボーイは貴重なんだね。

「そうですね。『入れて』とお客さんに言われたら、『AVちょっとつけてもらってもいいですか』と言って勃たすし」

――ＡＶを見ていいんだね。

「そこはけっこう優しい人が多くて、自分に萌えて勃たせてという人はあまりいない」

――自分に萌えて勃たせてと言われた場合、どうするの？

「目をつぶっていろんなものを想像する。目を開けると毛深い男の人が横たわっているので、想像を邪魔するんです」

『子供が欲しい』と言われたりとか。ほかのボーイさんもそういう話で揉めていました

さて、ここからは女性客について。バー型のウリセンはノンケのボーイが多いのでそれを目当てにやってくる女性も多い。ノンケのボーイに登場してもらったのは女性客についても聞くことができるからだ。いちおう男×女の性行為は売防法に抵触するとは書いておくが、その話はここでは端折る。彼が所属していた店舗は女性客を１００％歓迎する店ではなかったが、彼を指名する女性はそれなりにいたようだ。

――ボーイに聞くと、女性客はのちのち大変になると言うんだけど、そのへんはどうだった？

「大変ですね。けっこう中毒症状があるなと。ホス狂い（ホスト狂い）とほとんど似ていると思います。一緒にいてよ感があって。指名が続くとだんだんわけのわからん状態になっていきます。『なんでお金を払わないといけないの？』みたいな流れに。そういうので揉めて終わることがけっこうあります」

――ボーイが帰らないといけない時間なのに、「何？ もう帰っちゃうの？」みたいな？

「そういうのもあるし『まんこに入れさせてあげるから付き合ってよ』とか、よくわからない感じが多かったですね」

――連れ出す時点で付き合う気でいるということ？

「でしょうね。でも僕、冗談だと思って、いつもと同じ感じで接するじゃないですか。そしたら次の日には、向こうは彼氏になったと思っていたという。それでいろいろと揉めました」

――初めて連れ出したのにそういう思考回路になっちゃうの？

「そういう人いましたね。時間が来て帰ろうとするじゃないですか。昼の仕事があるのに、『本当は働いてないんでしょ』みたいに言って帰してくれない。『私と一緒にいてよ』とか、『私がずっと養ってあげるから』とか。昼の仕事に遅刻するからと説明しても聞かなくて。お客さんとして接し方が難しい人はいました」

これは失礼ながら、その女性がウリセンをよく理解していない気がした。ウリセンで遊び慣れていないというか。あまりにも自分に都合良く考えすぎである。

――「養ってあげる」って、その人はお金持ちだったの？

「自分でお店を経営していた人で、きれいなおばちゃんでした。やっぱりおばちゃんが多かったです」

――おばちゃんっていくつぐらいの？　40過ぎぐらい？

「40代後半ぐらいですかね」

私もまごうことなきおばちゃん年齢だし、姪から見れば立場はおばちゃんなので自分に近い年齢を言ってみたが、40代後半ということでほんの少しだけ安心した。が、おばちゃんであることは百も承知で自覚している。そのへんのおばちゃん年齢については不毛な議論になりそうなのでここで終了させる。

――それで「養ってあげるから行かないで」って？

「そんな感じでした。『妊娠したい』と何回も言ってましたね。いやもう、駄目じゃないかなと思いながら（笑）」

（笑）とはなれない自分がいた。心情として（藁）に近い。

――子供が欲しいということ？

「『子供が欲しい』と言われたりとか。ほかのボーイさんもそういう話で揉めていました。あと『中出しして』とか」

これは彼に限らず、これまでに取材したノンケのボーイのほとんどから聞いた台詞だ。「子供が欲しい」から「中出しして」という女性客の存在。しかし記憶をさかのぼると自分も夜の酒場のあちこちで近しいことを言っていた気がするから、これもまたまったく笑えない。

――子供だけが欲しいのかな。そのボーイのことも欲しいの？

「『結婚したい』とかいろいろ言ってきますよね。要はエッチの付き合いが続くと向こうも本気になってくるというのがあるかもしれないです」

――エッチしたらあなたのことが好きになっちゃった、みたいな？

「そんな感じになるのかもしれないですね。割り切って遊びに来ているのかなと思いきや、そうでもない感じの女性が多いです」

　今の時代、ヤリマンと自ら名乗る女性もいるし、出張ホストやウリセンが賑わう背景には、セックス（それに近い性的サービス）と恋愛の分化ができる女性が増加したことがあげられる。しかし彼の話から、セックスと恋愛を切り離せない女性がいることもわかる。当然といえば当然だが。

――別に色恋（色恋営業＝恋愛をけしかける営業）をしているわけではないんだよね？

「もちろんです。最初のうちは女性って強気なんです。指名して外出して食事したあとに『帰っても大丈夫だよ』みたいなことを言ってくる。そういうお客さんが多いです。でもそれだと指名された時間が残っているし、帰れないじゃないですか。だからそこから行きつけのゲイバーとかに連れていかれて、めっちゃ朝方にこっちから『ホテルに行こうよ』と誘うと、だいたいがついてきます。このパターンは多い」

――女の人は自分から「ホテルに行こうよ」と言うのが恥ずかしいのかもね。シラフでは誘えないよね。

「女性としてのプライドもあるんでしょうね。私は『帰っていい』と言ったのに、ホテルに誘って来たから気があるんだとか、いろいろ考えるんでしょうね」

「帰ってもいい」と言ったのにボーイが帰らないのは、その人に好意があるからではなく、指名時間が残っているから帰れないということになる。これが、ザ・現実。

「最終的にあまりに度を超すとオーナーが出禁（出入り禁止）にするんです。聞いた話で厄介だなと思ったのは、女性が結婚指輪を持ってきた、『妊娠した』と嘘をついた、思い込みの世界に入って『私は彼女なのよ』と言ってきたりとかです。オーナーが出禁の理由をまくし立てると、来なくなりますね」

――女性客もさすがにオーナーに注意されると来なくなるんだ。そういう女性も40代が多いの？

「一回恋愛が終わった人たち、青春も終わった人たち、みたいな感じの人が多いです」

一回恋愛が終わった人たち、青春も終わった人たち……。彼の言葉すべてが自分につきささってきて痛い。痛い痛い痛い痛い（薹）。

「いまもホスト時代の知り合いがいて、話をしているうちにわかったことがあるんですけど、ホストクラブで出禁になって2丁目に流れてくる女性は多いと思います。共通しているのは若作りしている人。最近、タイでつかまった詐欺師いますよね」

――山辺節子のこと？

「山辺節子っていうんですか？　あんな感じの見た目の人が多いです。完全に自分は若いと思っている」

――そうなんだ……。で、総合してボーイにとって女性客はうれしいものなの？

「やっぱり女性のお客さんはおいしいと思います。女性の場合、テンションも上がるし、自分の性的な欲求も出せるし、軽い気持ちで話せるんです。リラックスできるというのはある。そういうこともあって、女性に付きたがるボーイは多いと思います。でも、長続きしませんけど」

１９８４年の記事やそれ以外の記事に目を通してみると、今も昔もウリセンボーイへの共通質問がある。そのひとつに「慣れてくると男相手でも気持ちいい？」というものがある。それに対して１９８４年のウリセンボーイは「ボクなんか、女とセックスしてるつもりで、いつも目つぶってますよ」「女のほうがずっとイイなあ」と返事をしている。

２０１７年のウリセンボーイはそのあたりどうなのか。

――プレイしているときは何を考えてるの？　慣れてくると気持ちいいの？

「掘られているときは、あぁ、いってえと思ってます。あと何分ぐらいだろう、そろそろいくかなって。本当、冷めてますね。業務的なんですね」

――じゃあ、掘ってるときもけっこう冷めてるんだ？

「そうですね。あとちょっとでいくやろうなとか考えつつ。で、まだいかなかったら、まだいかねぇのか、とか。快感とかと別次元です」

そのほか1984年と2017年の共通点にはこんなものもあった。「ボーイの財布からお金を抜く客の存在」「ボーイの許可なしにアナルを狙おうとする客の存在」「政治家や芸能人のウリセンの利用」「ボーイは基本、18歳から25歳までの採用。若く見えないといけない」……等。33年のときを経てウリセンを取り巻く環境は変化したかもしれないが、現場の環境は激変とまではいかないようだ。

お客さんて自分に都合良く判断するんですよね。生でしてきたのは自分なのに

ここからウリセンのプレイについて少しふれたい。デリヘルと違って、ウリセンには基本プレイという概念がない。ボーイのNGプレイ、OKプレイの項目に沿って、ユー

ザーとボーイがプレイ内容を大まかに話し合ってからスタートする。しかしここにもいる、こんな客の存在。

「最初にNGプレイをざっくりと話して、それ以降は交渉という感じです。ただNGにしていても、例えば『1万円あげるからやってよ』と言ってくる人はいます。それに対して『ハイハイ』と言うことを聞いていると、そのうち生で入れようとしてくる人はいます」

――やっぱりそういう人はいるんだ。

「います。あわよくばで来る人はいます。そこで『すいませんけど、コンドームを付けてください』と言える勇気があるかないかもリピート度に関わってきますね。言えないで生でさせるとお客さんのほうが『だらしがない奴』『性病リスクの高い奴』みたいな感じでリピートにつながらない。お客さんて自分に都合良く判断するんですよね。生でしてきたのは自分なのに、飽きてくると『あいつは性病リスクが高い』みたいに、ころころ変わって批判するから」

――生でやりたがる人っているんだね。HIVや梅毒も増えているし、男性って女性よりも、性感染症（STD）に無神経な気がする。

「無神経ですね。衝動的だし、欲が先に走るから。いざというときにちゃんと言えるかは大事です。正直、僕も失敗したことがあるんです。口内発射されたことがあって」

――フェラするときはゴムフェラじゃないんだ？　生フェラなんだ。

「生フェラです。出していいと言ってないのに出されちゃいました」

――で、どうした？

「冷静に怒りました。『それは絶対に駄目ですよ』と。『言われてたら僕は断りました』と」

――そんな風に冷静に言われると逆に迫力があるね。で、どうだった？　精子は。

「なんか温かいんです」

――おえーってなった？

「精子は温度があるんだなっていう、そのくらいでした。あと、吐き出しにくい。さすが女の人の卵子を仕留めるだけありますよね。粘着力がすごかったです」

その後もユーザーに関するあれやこれやを聞いていくうちに、ストーカー客の存在が明らかになった。客だった3人に自宅周辺までつけられたという。3人ともゲイの客。女性客の場合、素直に「家へ行きたいんだけど」と言ってくるのでそこでお断りするそうだ。ストーカー客のひとりはにやりと笑って「家に行きたかったんだ。いろいろ調べたくなっちゃうね」と言ってきたそうだ。

「自転車でつけてこられると、もろわかりですね。電柱に隠れきれてなかったし。そういうときは『警察に連絡しますよ』と言います。それで怒ったらその場で警察に電話します。で、『今、連絡したので早く逃げないと捕まっちゃいますよ』と言う。そのへん、冷徹かもしれないです」

そうするとお客さんは逃げるのだそうだ。

「脅しをかけてくるお客さんもいますけど、警察沙汰になるといろいろと照合するからゲイバレする可能性もあるし、『暴行罪になりえますよ』と法律を出し始めると、皆さん怒るのをやめますね（笑）。逃げた場合は『逃げました』と警察官に言えばいいだけなので」

男性×男性だとこの対応で済むかもしれないが、〝男性×女性〟だとどうなのだろう。「生意気だ」「なめるな」「馬鹿にするな」なんて言われ、逆上され、さらにストーキング行為がエスカレートする可能性もありそうだ。物理的に力の点で強大であること、女性より優位性を実感したい立場でありたいこと。これらがあらゆるバイオレンスの根源の気がしてきた。

ここからはウリセンボーイの引退後について。

——今も連絡を取ったりするボーイはいる？

「かなりいますね。流れ的に夜の歌舞伎町に移ることが多いですね。ホストクラブに行ったり、スカウト、キャッチになったりとかが多い。ちゃんとした仕事に就いているボーイは少ないですね。ウリセンに出戻った奴もいるし」

——出戻った人はウリセン一本で働いているということ？

「なんていうかもう、行き当たりばったりという感じです。キャッチしたりスカウトしたり、それの合間にウリセンをやってたりとか、ガチャガチャになっている。いろんなものに手を出して、だらしない生活を送っている」

——だらしない生活とはどういう生活？

「収入が不安定で、家も僕のパターンになっている（笑）。住みかがない」

——履歴書に書けない経歴から、そういうふうになってしまうのかな。ところで、学費のためにウリセンに来ましたみたいな子も多いわけ？

「いるっすけど、僕の聞いてる限りではだいたい嘘ですね。単に借金がある奴が多いです。今もつながりがあるから、それが今になってバレるというパターン。いろいろ話していて、〝あれ？　お前って学費のために働いていたんじゃなかった？〟というパターンはけっこうあります。で、聞いてみると、『あのとき実は、買い物のしすぎで借金があったんですよ』とか」

――自分でつくった借金を自分で返そうと思ったわけだ。

「そう。カード会社や保証会社から督促が来たから、焦ってウリセンへ来たというパターンが多いです」

――学費でウリセンは考えられない？

「まず最初にホストクラブへ行くと思います。ホストかキャッチか、そっちから攻めるだろうみたいな。だって普通に考えてウリセンは想像しただけで嫌な予感しかしないから。その日にお金が欲しいという奴は、選択肢的にまず、ホストかキャッチに行くと思いますね」

現在は昼職との掛け持ちで、週に3～4日の1日3～4時間を出張型のウリセンで働いている彼。ベテランの域でサービスも良いうえ、気遣いができ、イケメン。安定の高収入生活だ。今後の彼の夢は、ウリセンで得た貯金で何かお店を持ちたいということだった。交際している彼女とは結婚したいという。彼女にウリセン勤務はバレていない（と思う。彼・談）とのことだが、ウリセン勤務が彼女バレしても、案外うまくいっているカップルもいるので（客層が恋愛対象でなければ許可するということ。つまりノンケにとってゲイ客は恋愛対象にならないので勤務を許す）、もし彼女にウリセンのことがバレたとしても、彼ならばどうにか無難に丸く収めそうな気がする。

「今の生活、ストレスがないんですよ。あの仕事をしているからジムに行けるし、マッサージも1週間に1回行ける。高いご飯もけっこう食べられることがある。正直、いいことしかないです。本当に文句ないです（笑）」

彼はウリセンボーイでも数少ない成功組なので、ウリセンへ行けば彼と同じ生活ができるとは思わないように。彼はルックスだけではなく、売れっ子になりうる多くの条件を持ち合わせているからこその成功組なのだ。

――ウリセンに出会えて良かったということになる!?

「ウリセンに出会えて良かったと思います（笑）。変な話をしてますけど、本当、ウリセンと出会えて良かったです」

人に愛されたいのならまず愛しなさいって話だし、まずそれを教えているつもりではいて

出張型ウリセンオーナー［30歳］と〝ゆとり世代〟のボーイ［22歳］

「青いトレーナーを着たおかまがいますので、すぐにわかると思います」

待ち合わせ時間直前に電話をすると、ゲイバーのママよろしくオネエ口調でそう言われた。

バー型のウリセンボーイだけでなく、出張型に勤務するウリセンボーイにも取材したい。なぜなら同じウリセンでも、バー型と出張型ではボーイのセクシュアリティも勤務形態も変わってくるからだ。その詳細を知りたかった。その希望がかなった。しかしその店のオーナーも一緒に取材を受けたいという。警戒されてしまったのか、その真相を取材中に確認しようと思ったものの、レコーダーをまわしていくうちに、オーナーの濃

いキャラクターを中和させるごく平凡なウリセンボーイというコンビの掛け合いに、どうでもよくなってきた。仲介者の言う通り、取材というものに単に興味を持っただけのようだった。

だから今回の登場人物は２人。出張型ウリセンのオーナーと、そこに所属するボーイとなる。オーナー自身も元ボーイで現在30歳。ボーイ経験は約1年ほどで、リーマンショック直後の２００９年にお店を立ち上げて現在8年目になる。新宿２丁目のウリセンバーを見ればわかるが、オーナーが20代でお店を持つことはめずらしくない。軍資金とスタッフさえ揃えば、開業できるハードルの低さはあるかもしれない。

「自分が店を出したとき、同じエリアに10店舗以上はあったと思うんです。でも今は、うちとほかの1店だけ。激戦区だったのに耐えたわと思って」

ボーイのほうは名前を翔くんとしよう。翔くんはお店年齢19歳の実年齢22歳で、ボーイ歴は約半年。ほぼ毎日出勤している専業のウリセンボーイだ。ここでウリセンボーイの年齢にふれてみよう。以下、オーナー氏のコメント。

「普通に考えたら10代とは（セックスが）やれないじゃないですか。そう考えると、18、19、20歳ぐらいまでが輝いて見える。21歳以降はどんどん価値が下がっていくから、ボーイの寿命は25と昔からいわれています。例えば実年齢が25歳でそのまま年齢をプロフィールに記載すると、どうしても旬が過ぎたボーイさんと思われちゃう。だから5年も働いているのに年齢が18歳で止まってるみたいな子がほとんどです」

ある一定の年齢に達すると、年は取らないサザエさんの状態になるウリセンボーイ。ソープランドで有名な吉原にもこの現象があり〝吉原年齢〟と呼ばれ、働くおねえさん方は自身の年齢を揶揄するときにこの言葉を使う。性風俗はざっくりといえば若さに価値を見出す社会。「そうだと思います」とオーナー氏も同意した。

あるゲイサークルで顔見知りだった2人。翔くんが求職中だったこともあり、オーナーの店で働くことになった。どちらもセクシュアリティはL（レズビアン）G（ゲイ）B（バイセクシャル）T（トランスジェンダー）のGだが、ノンケっぽい見た目の翔くんに対し、仕草や口調からいわゆるオネエがにじみ出ているというより隠そうとしないオーナーはいかにもそちらの人という感じ。ここでおかまとオネエという言葉にもふれておきたい。どちらもゲイが自虐的に自己を紹介するときに使用するきらいがあるが、言葉に愛着心を持ちつつも、切なさのようなニュアンスも感じられ、アンビバレンスな意味合いが強い言葉だ。先ほどの「吉原年齢」もそうだが、真正面から向き合うのにマイナスの感情が伴う事柄は自分で自分を茶化すしかない。自虐だ。なので第三者が当人に向かって投げかける言葉としては適当ではない。使用決定権はあくまで当事者にある。前述した私の「オネエがにじみ出ている」も失礼な使い方ではある。ここはオーナーに指摘されなければこのまま掲載する予定だ。

雇用者と従事者という2人だが、堅苦しい主従関係はない。面倒見の良いオーナーと少々世間知らずな翔くんの会話は、ゲイバーのママと店子（スタッフ）のような掛け合いだったので、そこもお楽しみいただけたらと思う。

ボーイさん同士で付き合うようになったから辞めちゃおうとか、そんなこともよくある

——今、所属しているボーイはどれぐらいいらっしゃるのでしょう?

オーナー「ほぼ毎日稼働しているのは5〜6人。週2〜3稼働の子も5〜6人で、2週に1回とかがまた5〜6人ぐらい。月1〜2出勤の子もいるので」

――この8年間でいろいろな男の子を見てきたと思うのですが、基本、ゲイのボーイが多いのでしょうか？

オーナー「時代によって変わると思います。昔はゲイの子が多かった。最近はノンケが増えてきました。雇う側としてもノンケのほうが感情なく、ドライに働いてくれるから助かるといえば助かる。（翔は）ゲイなんですけど、やっぱり感情が出てきちゃうから」

翔「そうですね。まあ、出てきてしまいますね」

――そのへんの割り切りはノンケのほうがうまくできると。

オーナー「そうですね。感情が一切ないから『お金をもらっているからやりますよ。その先は何も期待しないでくださいね』みたいな。お客さんもたぶん、ゲイとノンケのボーイさんに対して求めるものが違うような気がします。ノンケのボーイさんの場合はノンケとわかって指名するから先を期待できない。でも、ゲイのボーイさんの場合は、恋愛ができるかもしれないという、少しの期待を抱きながら来るお客さんもいると思うので」

（補足：オーナーやマネージャーなど店側の人間は「ボーイさん」と「さん」付けで呼ぶことがほとんどだ。敬意を表しているのだと思う。逆にユーザー側は「ボーイ」と呼ぶことが多い。関係性が呼

び方に表れている）

――ノンケとゲイとバイのボーイの割合はどのぐらいになりますか？

オーナー「たぶん今は半数がノンケです。バイに関してはゲイになる途中の過程だと自分は考えているから、バイはゼロだとして、6対4ぐらいかと思います。6がノンケ、4がゲイ」

（補足：オーナーのバイセクシャル観については、人により見解が違ってくるのであえて言及しません。以降のオーナーのゲイ観についても同様）

――お店を立ち上げた当初はゲイの割合が高かった？

オーナー「最初はゲイばっかりでした。だけど、徐々にノンケの割合が増えてきました。今は他店を見てもノンケが多い」

――それは先ほどもおっしゃっていた通り、ノンケのほうが管理しやすい、割り切って仕事をしてくれるから？

オーナー「そうなんですよ。ゲイの子だと、『1日3本以上行きたくないわ』とか突然言い始める子がいまして」

翔「わがままですねぇ（笑）」

オーナー「そういう子ばかりで。でもノンケの場合はお金が欲しいから、『指名をもっと付けてくれ』という子が多い。そして扱いやすい」

――翔くんは1日3本以上は嫌なんだ？

翔「つらいですよね」

――それはプレイがきついということ？

翔「やっぱ感情が入るじゃないですか。〝おじさん嫌だな〟と思ったら、もう2人で限界でしたよね」

――見た瞬間に、ああ、この人としなくちゃいけないんだ、みたいな？

翔「はい。若い人だったら、テンション、めっちゃ上がりますもん（笑）」

オーナー「自分がボーイの頃はその逆だったな。おっさんだと〝金持ってるな、よっしゃぁ〟とか思ってた。マネージャーに言ってたんですよ。『お金持ち以外付けないで！』って。で、マネージャーから『この人は絶対にお金持ちよ』と電話がかかってきて行ってみたら、ボロ家じゃん、みたいな、超騙されまくりなことも多かった（笑）」

――あはは（笑）。出張型ってだいたい何時から営業してるのでしょう？

オーナー「12時か13時からが多いです。受付は午前1時までなので約12時間営業です」

――ボーイの待機場所はあるんですか？

オーナー「うちは以前はあって、自分もボーイさんと混じって待機室でゲームをして遊んでいました。ただ、そうしてしまうと友達感覚になりすぎて、ボーイさんがタメ口で話しかけてくるようになった。さすがにそれはまずいと思って待機場所をなくしました。ビジネスとして関わろうと、みんなに自宅待機にしてもらった。そうしたら仕事がうまく回るようになった。それに仲良くなりすぎると、仕事に行かせるのもかわいそうになっちゃって。今は事務所に店長とマネージャーしかいません」

――周りの出張型のお店はそのへんどうなのでしょう？

オーナー「基本、待機場所があってワイワイとやってますけど、自分がそれが嫌なのは、ボーイさん同士で色恋が始まっちゃうこと。色恋が始まるとお客さんに失礼な気がして。で、ボーイさん同士で付き合うようになったから辞めちゃおうとか、そんなこともよくあることで。そんなことをされたら店も回らないし、心ここにあらずぐらいの仕事になってしまうからお客さんにも失礼だし。だから今は一切、ボーイさん同士を関わらせないようにしています」

――ボーイ同士で待機していると、交際が始まるという展開があるんですね。風俗嬢の待機室とは事情がまた違ってきますね。風俗嬢はレズビアン同士やバイセクシャルでない限り、そうならない。

オーナー「たしかにそうですね。あとはお金のトラブルが多くなる。寮や待機室で手癖の悪い子が財布からお金を抜いたりそういうことが起きやすい。それとお金の貸し借り。『返した』『返してもらってない』になる。集団待機はそういったトラブルがあるんです」

——そういうところの教育や管理も必要だとしたら、待機室をなくしたほうがたしかにいいですよね。今、翔くんは、待機中にどんなことをして過ごしていますか？

翔「予約が入ったらすぐに外に出られる状態にしています。でも、待機場所がないほうがゆとり世代にとってはいいと思います。自由な行動ができるので、買い物に行ったり、家にいたり。だから個人的にはうれしいです」

オーナー「4年前にほかのボーイさんからも同じような話をされたことがありました。自分は昭和世代だから、みんなとワイワイしたい。事実、待機場所があると楽しかったし。世代が少し変わるだけで考え方が違ってくるんですよね」

——翔くんはウリセンを始めるまえ、ウリセンに関してどれくらいの情報を持っていました？

翔「ウリセンの存在は知っていましたけど、（性行為もしくは性的サービスを）やるということぐらいで、それ以外、まったく知識はなかったです。どれぐらい稼げるとかもまったくわからなかったです」

——働こうと思った理由は？

翔「これはたぶん多くの人の共通点で、お金がないからだと思います。おじさんとやるわけじゃないですか。普通に考えたら働きたくないと思うんですよね。自分ゲイだし、若い人が好きなので（笑）」

——お金に困っていた？

翔「困っていました。仕事を辞めてバイトをしていたけれど、それだけでは足りなくなってきて、給料がいいバイトをしようと思いウリセンに手を出してしまった感じです」

——切羽つまっていた？

翔「はい。自分、関東に来たのが1年ぐらい前なんです。その後働かずに約3カ月ニートをしていたから、所持金がなくなってきてやばいと思いウリセンを始めました。関東に来る前はずっと地元のほうにいたので」

——関東に来たかったんですね？

オーナー「金もないのに（笑）。計画性がない」
翔「田舎の人ってたぶん関東に憧れると思うんです。若いうちに関東に出たいなと思う人は多い気がします」
――いま、想像していたような関東の生活を送れていますか？
翔「たぶん送れていると思います」
――ウリセンには特に偏見がなかった？
オーナー「そうかしら」
翔「いやぁ、やっぱりありました。体を売ってお金をもらうって、何か違うんじゃないかなと。でも働いてみたら、お客さまやお店の方といい出会いがありましたし」
――バー型ではなく、出張型を選んだのには何か理由が？
翔「バー型は拘束時間が長いのが理由です。指名が入らなかったら本当に暇だと思うんですよね。始める前にいろいろと想像してみて、バー型のそういう雰囲気が苦手だから、出張型に決めました」
（補足：バー型は出勤してから指名が入るまで店内で待機しなければならない。指名がないと店内に居続けることになる。大体、スマホをいじったりゲームをしたり寝ていたり……をして過ごしている

ボーイが多い）

ノンケだと思ってたけど、東京に来たらおかしくなっちゃった

――オーナーがボーイを始めるきっかけは何だったのでしょう？

オーナー「その頃お金がなかったので、知り合いにホストをすると伝えたら『面接の手配をしてあげる』と言われて行ったところが2丁目のウリセンだった。なんかおかしいなと思っていたけど、北関東から来た田舎者で全然何もわからなくて『今日から入店した子よ。みんなよろしくねぇ』みたいに紹介されて、待機室でずーっと待ってたんです。そしたら、『あかねちゃ～ん、指名よぉ』みたいに言われて行かされたのがラブホだった。で、男の人にやられた、みたいな。それが始まりです」

――騙されたということ？

オーナー「そういうことですね。ホスト志望だったのに全然違っていたと」

――そういうデビューもあるんですねぇ。北関東出身ということで、高校を卒業して上

京されたのでしょうか。

オーナー「中退してますけどね」

――ん!? ホストってお客さんは女性ですよね？　ゲイとしてそれは特に気にならなかった？

オーナー「もともと地元で16ぐらいからホストをしていたんです。そのときはノンケだった。彼女と別れたことがきっかけで地元が嫌になり、もう東京に出るしかないと思って出てきました。それが19歳です」

――地元にいた頃はノンケだった!?

オーナー「ノンケだと思ってたけど、東京に来たらおかしくなっちゃった。そうなる人は多いと思います」

――ということは、ホストクラブだと思って送り込まれたところがじつはウリセンで、そこでゲイに目覚めたということ？

オーナー「当初はまだ目覚めてなかった。その後、プライベートでいろんなゲイと出会ったらみんなが優しくて、そのうち恋に落ちたりして、そうこうしているうちに、〝あれ、もしかしたら自分、ゲイなのかな〟と思って。でも、ウリセンを辞めるまで、自分はバイだと思っていました。いつの間にかおかまになっちゃった(笑)。蕾があったんでしょうね。たぶんそういう人のほうが多いと思います」

――ほほぅ。今まで多くの人に同性愛を自覚したときのエピソードを聞いてきましたけど、多くのゲイは、10代半ばには男性が好きだと自覚していて、女性経験のない人がそれなりの割合でいたんですね。オーナーのようなパターンもあるんですね。なるほどぉ。今、地元に帰っているときはどうされているんですか?

オーナー「バレないようにしています。女の子の友達を連れて、彼女ということにしています」

――翔くんは男の人が好きだなと感じたのは何歳ぐらい?

翔「中学生のときには好きな男の子がいました。でも、女の子でも好きな人がいたから、たぶん中学まではバイで、高校が男子校だったこともあって、完全にゲイになってしまった感じです」

――ということは初体験は中学生のときに?

翔「いや、特にそういう経験はなくて、高校卒業してからが初体験でした。19歳とか。だからけっこう遅めです」

オーナー「それまでやったことなかったの？」
翔「ないです」
オーナー「女の子とも？」
翔「ないない」
――男子校にいるときにあそこをしゃぶられたりとかは？
翔「なかったです」
オーナー「しゃぶっちゃったりもないの？」
翔「ない」
オーナー「ええっ!?　最近の子は遅いのね」
――男子校に通っていた人は、先輩に手を出されたり、奉仕させられたりというエピソードを聞くことが、私、けっこう多くて。
翔「ハードな経験はないけど、同級生の子とハグしたり、ちんこを揉まれたりとか、そういうのはありました（笑）」
――オーナーの初体験は？
オーナー「女性の初体験は中1なんです。彼女と。男性の初体験は19。東京に出てきてから」

――中1って早いですよね。

オーナー「田舎ってやることがないから」

翔「学校でうわさ立ちません?」

オーナー「ああ、立つ立つ。でもそれぐらい、北関東だからみんなやってるよ。早い子なんか小6とかで全然やってたりする」

――小6! 小6でセックスのやり方がわかるんだ!

オーナー「やるというか、おまんこに入れるんじゃなくて、ちょっと乳繰り合いぐらいの感じだと思うんですけど。でも自分は中1のときに中3の先輩と付き合っていたから、レクチャーされながらやりました。『ここよ』と。『ここよ』とは言ってなかったか(笑)。こうしてやるんだよみたいな感じで。自分、がたがたと震えながらやってた」

――そのときは女性とやれたということですよね。

オーナー「まず、自分がいた地区にはゲイという発想がない。もしゲイとわかればたぶんバッシングされただろう、みたいなところです」

――だから帰省時はノンケとしてふるまうと。

オーナー「そうですね。だけど中3のときのクラスにゲイが2人いたんです。最近、アプリで発見してびっくりしちゃった。〝あっ!〟と思って、メッセージを送って、お互いに『あんたがゲイになると思わなかった』って。なんだか気まずくて会いませんでしたけどね」

――ゲイアプリですよね。アプリって怖いですね。でも探そうと思えば探せるんですね。

オーナー「探そうと思えばいくらでも探せる。〝いた!〟みたいなのはけっこうある(笑)」

(補足：この場合のアプリとはゲイの出会い支援アプリのこと。2009年に元祖ゲイアプリ、グラインダーが出現して以来、現在、10種以上のゲイアプリが登場している)

――翔くんの地元はどんな感じですか?

翔「自分もそんな感じですね。でも九州の田舎は中1とかそんなに早くからやってなかったです。のどかな田舎でした」

オーナー「北関東なんてヤンキーしかいないから、バイクを走らせるかやるかぐらいしかない。みんなそんな感じで、できちゃった婚も多い。そういう人しか周りにいない」

――あははは(笑)。話を戻して、研修はどうされていますか?

オーナー「うちはないです」

――口頭説明で終わり？

オーナー「そうですね。うちの店の場合、常連さんというか、自分がある程度連絡が取れる人に『新しい子が入ったよ』って連絡するんです。そうすると流れとかを教えてもらえるので」

――口頭説明と常連さんとの実地で、ボーイはどうにかこなしてくるわけですね？ そのあたりは風俗嬢と同じですね。

オーナー「かわいい子には旅をさせろじゃないけど、研修したところでサービスってお客さんによって変わってくるし、だからもう突き落とすぐらいの気持ちで行ってきなさい、みたいな」

――マニュアルがないなか、翔さんは手探りの状態で仕事をしていったと思うのですが、どうでした？ うまくできました？

翔「難しい質問だな。とりあえずはできたと思います。でも自分、最初の頃はリピーターのお客さまが全然いなかったんです。それは、やっておしまいで次につなげる努力をしなかったから。でも最近は、リピーターの方が付くようになって、気持ちの面で少し変わってきました」

オーナー「誰のおかげかなって感じだけど（笑）」

翔「オーナーのおかげなんですよね。気持ちが変わってから、リピーターのお客さまが増えてきた。最初の頃は、やっておしまいという感じだったので」

――どういうアドバイスをされたのでしょう？

オーナー「ボーイとしての心得というか、客商売なんだから、最低限のマナーですよね。よくボーイさんてお客さんの悪口を言うんです。そういうマイナスの気持ちって接客に出ちゃう。人に愛されたいのならまず愛しなさいって話だし、まずそれを教えているつもりではいて」

――愛の言葉みたいな。

オーナー「名言みたいなのをよく言っているんだけど、なかなかわかってくれなくて、半年近くかけて少しわかってきたかな、みたいな」

翔「けっこうぺちゃくちゃしゃべるので、覚えられないんですよ（笑）」

――でもそれはオーナーの経験に基づく言葉ですよね。

オーナー「そうですね。経験上の話しかできないから。わかる範囲で教えてあげて、わからないことに関しては経験しなさいと思うし」

――そういうアドバイスで翔さんはリピーターが来るようになったと。

オーナー「たしかに最近は来ている気がするね」

翔「最近多いですね。春はリピーターのお客さんがいなかったら、やばかったかもしれないです。収入の7割ぐらいがリピーターのお客さまでした」

――目に見える形でちゃんと成果が出ていると。

オーナー「だから言ったでしょ、っていつも言うでしょ」

翔「最初の頃からやっておけば良かったなって（笑）」

というより、ノンケって、男とやれない人のほうが少ないと思うんです

――待機室がないということは、ボーイとどのようにコミュニケーションを取っているのでしょうか？

オーナー「自分が事務所にいるときに仕事の合間で事務所に来た子に対しては、『お疲れさま』とか、『行ってらっしゃい。気をつけてね』とか、その程度のコミュニケーショ

ン。なるべく自分はボーイと接点を持たないようにしています。接点を持ちすぎると、こっちも情が入っちゃうから。情が入ると仕事上良くないので」

――会わないボーイとはまったく会わない？

オーナー「一回も会ったことがない子なんていっぱいいる。それでもちゃんと回っています。マネージャーがうまくやってくれてる」

――そういうところはバー型と違いますね。バー型だとオーナー、マネージャーはボーイのことを把握していることが多いですからね。ちなみに客層って何歳ぐらいが多いですか？

オーナー「自分がボーイだった時代は35歳から45歳ぐらいが一番多くて、その中でも40前後が一番多かったです。お金に余裕がある年代の人たち。最近はどうなの？」

翔「一番若い人だと高校卒業したてのお客さん。20代の方もけっこういますよ。上は70代ぐらいの方もいます。年代は本当に幅広いです」

――高校卒業したての子というのは、「僕、初めてなんです」みたいな？　ノンケでいう筆おろしみたいな感じ？

翔「そうでした。おいしくいただきました（笑）」

――「じつは奥さんがいるんだよね」という人もいました？

オーナー「いっぱいいいました。女の風俗に行くと罪悪感があるけど、男なら浮気にならないという感覚で来る人もいました。奥さんのためを思ってなんだけど、結局、離婚しちゃったという人もいたし。もしかしたら、自分が離婚させてしまったのかもしれないけど」

――それはどういうこと？　奥さんを思ってウリセンに来たら男性にはまったということ？　それともその人はそもそも男性にも興味があったということ？

オーナー「もともと興味があった人もいると思いますよ。ま、でも『奥さんがいるから、女の風俗に行くのは悪い』。で、男に行き始めたという人のほうが多かった」

――それは同性愛の素質みたいなものを持っていたということなんですかね。

オーナー「というより、ノンケって、男とやれない人のほうが少ないと思うんです。犬に舐められただけで勃つ人ってけっこういるだろうし、ちょっとの間彼女がいなかったら、相手は男でもいいや、みたいな人もいると思いますよ。ただ、恋愛するのは女になるだけで」

――ほぉ。たしかに江戸時代の春画にも性別にとらわれない性行動が描かれているものもありますしね。むしろ奥さんに悪いからというのは言い訳で、本当はウリセンに興味があった、男性と遊んでみたかったという人もいそうですね。

オーナー「お客さんの言うことなんてどこまで本当かわからないから、きれいごとで言っているだけかもしれないけど、自分に言ってくるのは『奥さんがいて、子供もいて、浮気はしたくない』とか、あとは『男はフェラがうまいと聞くから』という理由で来てる人でしたね。でも、たしかになかなか勃たなくて大変で、体の反応はなかった。それでも４、５回指名をもらったあとには、すでに歩いているときから勃起してた人もいましたからね。秘めていたものが開花しちゃったんじゃないですか。そういう人も多いです」

――職業で言うとどういう人が利用されていますか。

オーナー「最近はどうなの？」

翔「学生３割、社会人７割ぐらいですかね。大学生もけっこう来ますよ」

オーナー「学生!?　誰のお金で来るのかしら」

翔「バイトで稼いで、その給料で来てくれるんです。若い人が好きだからうれしいですよね（笑）」

――もちろんお年寄りや中年の人も多いでしょ？

オーナー「自分の時代はオヤジしか来なかったわよ。けっこう有名な会社の方とか。チップは料金の倍くれる人が多かった。だから金銭的に困ることはなかった」

――同じお客さんから何回も指名を受けていると、この人、僕のことが好きなんだろうなと感じるのでは？

翔「今そういうお客さんが2人いますね。大学生の方と40代の方。たぶん僕のことが好きなんだろうなと」

――そういうときはどう対応されるんですか？　お客さんと付き合うボーイさんもいるでしょうし。

オーナー「色恋営業（恋愛のようにふるまう営業）みたいな感じで付き合う人はいると思いますけど、お客さんと恋に落ちることはそうそうないと思います。いわゆるこっちの用語で言う『老け専』じゃないと、恋愛は成立しないと思うんです。自分は告白されても恋愛は絶対にしなかった。友達にはなれるけど、年齢的なことを含めて恋人にはなれないとはっきり伝えていましたね」

──でも、今若いお客さんが多いということは、もしかしたら今後付き合う可能性が翔くんにあるかもしれないですよね。

オーナー「正直に言いなさい、ちゃんと」

翔「お客さんとそういう関係になってもいいんですか？」

オーナー「そうなるのであればそうでいいと思うけど、けっこうつらいと思うわよ」

翔「タイプの人だったらありえるかと思います。今、僕のことが好きなのかなと思っている2人は、タイプではないので」

──基本、掘る掘られるというのは、ボーイさんはどちらも対応できるんですか？

オーナー「できるできないは人それぞれですけど、ある程度挑戦させるようにしています。プロフィールに〇となっていても、例えば痔とか、そのときの体調次第でできないこともありますよとお客さんには伝えます。プロフィールで×の子に関しては一切できない。やりたくないんでしょう。△に関しては、ほぼ×に近い感じです。いろいろ表記があるけど、〇だから痔でもやれよと言ったことは一回もない」

──翔くんはどちらも対応可ということですよね？

翔「そうです。あとは体調次第です」

――プライベートではどうなの？

翔「もともとあまりバック（アナル）は使わない人でした。普通にバニラ的（バニラセックス＝挿入を伴わない行為で射精する→フェラチオや手コキなど）なのが好きだったんですけど、お客さんがしたいと言うのであればやりますし」

――お客さんは必ずしもアナルプレイをしてくる人ばかりではないんですよね？　いわゆる手コキとかでも全然いいよ、みたいな人もいますよね？

翔「そうですね。手コキやフェラでという人もけっこういます」

（補足：ゲイのセックスはアナルセックスありきと思われがちだが、アナルを使用しない場合も案外多い。ヒアリングをしてきてそう話す人たちは多かった）

――ノンケのボーイだと、タチ・ウケのどちらもOKという人が多いのでしょうか？

オーナー「人によりますが、やっぱり掘られたほうが楽だと思います。バックタチは、勃たないときもあるから。だからウケが得意になっちゃったという子もよくいるし」

――そっちのほうが楽なんだ。勃たせるより。

オーナー「そう。それでウケばかりしていたら、いつの間にか体が感じるようになった人もいるし。ウケができたほうが楽みたいですよ」

翔「タチでちんこ勃たないときは、本当、勃たないですもん」

——そういうときはあせるもの？

翔「やっぱりあせりますよね。全然勃たなくてヤバいと。どうにかして勃たせて入れるけど、掘ってる途中で萎えたりするんです」

オーナー「たしかにそれはわかる気もする」

——そういうときはどうするの？　エロビデオを見るとか？

翔「エロビデオを見たことは1回だけありました。それでも目の前におじさんがいると考えたら、途中で萎えてくるんですよね」

オーナー「妄想しても声を出された瞬間に萎えるとかあるよね。頑張って、ああ勃った、良かったと安心したら、『あぁ〜ん』とかお客さんが言い始めて、その途端、シュンッてお辞儀するかのように萎えることもいっぱいあった」

——男性は勃たせるほうが大変なんだ。

翔「大変です。ウケのほうがやっぱり楽ですよね」

——仕事が終わったあとに、精神的に落ち込むなんてことはありますか？　お客さんに暴言を吐かれたとかそういうことで。

翔「強引にいろいろとしてくるお客さまもいるんです。例えば、前日にお尻を使って痛いときってあるじゃないですか。それで、『痛くてちょっと厳しいかもしれないです』と最初に言ってるのに、強引に入れてくるお客さまもいらっしゃる。そういうときは接客途中もそうですし、終わってからも、この仕事やりたくないなと思ってしまいます。本当にやるためだけに来るお客さまもいらっしゃるので」

——会話もあまりしないで？

翔「優しい方は優しいんですけど、なかには会話も少しだけで切り上げて『シャワー行こう』と言われることもあって。そういうのが続くと病んじゃう。自分、病んでるときありましたよね。『辞めたい』と言ったこともありました」

オーナー「あったわね。自分、なんて言ったっけ。『じゃあ辞めれば』だっけ。『辞めてもあんたのその生活は変わんないよ』ぐらい言ったような気がする」

翔「たぶんそうだった気がする」

——こんなに痛い思いをしてまでやりたくないという心境になる？

翔「そうですね。それでもらえるのがたった9000円とか1万円だと、なんのためにこの仕事をしているんだろうと思いますよね。体を使っているわけですから」
――体にダメージが来ると精神的にも落ち込むってことか。そこは風俗嬢と同じかもしれない。
オーナー「最近の子はそうなんだ」
翔「あと、フェラされるときに歯が当たって、めっちゃ傷ができたときも、あぁ〜って気分が落ち込みます」
――そんなに下手なお客さんもいるの？
翔「もう8割ぐらいが下手ですよね。自分、我慢していますけど」
――感じてるふりをしながら、内心ではイタタと思ってる。女性と同じだ（笑）。ゲイの人はフェラがうまいとよく聞くけど、そういうことはないんだ？
翔「自分はその噂は違うと思うけどな。うまい子もいるんでしょうけど」
オーナー「ボーイさんはうまいと思います。ボーイさんに関しては、言い方が悪いけど、早くいかせるテクニックを身に付けないといけないし、くわえた本数も多いと思うから、ある程度の技術はあると思うんです」
――ウリセンで働いたことのないゲイはフェラが下手？

オーナー「欲望が強い子はうまいかもしれません。やりたいやりたいというおかまたちはけっこうやってきてると思うから、たぶんうまくなっていくと思う。欲望の薄い子に関しては、たぶんそこの技術はないと思いますね」

翔「だって今まででで本当に気持ちいいなと思ったのは3人ぐらいですよ。必ず絶対みんな歯は当たるんです。自分、ちょっと太めなんですよね。それで当たりやすいというのもあるんでしょうけど」

――血だらけのちんこみたいな感じになっちゃう（笑）。

翔「赤くなりますよね。けっこう痛いです。でも痛いとは言わないです」

――「痛い」と言って雰囲気が悪くなることもあるでしょうしね。風俗嬢も「痛い」とは言えないといいますからね。話は変わりますけど、ゲイのお客さんはなぜ、ウリセンを利用すると思いますか？

オーナー「これ、半分に分かれると思います。1つはモテなくて自分に自信がない。で、もう1つは出会えたとしてもそこに駆け引きが必要になる。でもウリセンは手軽に手っ取り早くタイプの子とできる。それで来る人もいると思います。その2つに分かれる気がします」

――モテないといっても、ゲイであれば顔がよく見えないハッテン場（ゲイの肉体的社交場）とかでも遊べますよね!?

オーナー「ウリセンに来る人はハッテン場を嫌う人が多いです。で、ハッテン場に行く人は、1万や2万とお金を払ってなぜやらなくちゃいけないのかとウリセンを避ける。ハッテン場の場合、暗くても結局明るいところがあるからそこで顔確認をされちゃう。やっぱりこいつブスだとかおっさんだとか、そういうのも見極められちゃう。でもウリセンであればそういうのは関係ない。そこの手軽さ、手っ取り早さはね。結局、ハッテン場でもモテない人はどうせひとりでいるでしょう」

――ハッテン場でモテない人っているんですか？

翔「やっぱりモテない人はずっと何もしてないですよね」

自分、けっこう暴力振るわれてますよ。
ぶっ飛ばされたりとか

――出張型って高田馬場が有名ですよね。

オーナー「そうですね。今は違うけど馬場戦争といわれた時代もありました。生き残ったのが老舗の某店ですけど、そこも今は移動してますし。馬場は学生が多いから、待ち合わせにしても人が多すぎて待ち合わせしづらいと思うんです。そういう意味で移転した店も多いと思う。実態はわからないけど」

――今、出張型のウリセンは増えてないんですね。

オーナー「むしろ相当減ったと思う。昔はボーイを集めて店を出せば儲かっていたから、そういう時代のときはたくさんあった。今、ウリセンは儲からないイメージが付いてると思います」

――ウリセンが儲かっていた時代とはいつ頃？

オーナー「それこそリーマンショックの前ですかね。自分が現役だった頃。その頃は店も多かったし、ボーイであれば目標は『私、店を出すのよ』ぐらいの子はいっぱいいた。でも、リーマンショックをさかいに儲からないイメージが付いちゃった。ただ、バー型からお客さんが出張型に流れてきてるのは助かる」

――バー型から流れてくるその理由は？

オーナー「バー型って古いやり方だと思うんです。対面のほうがいいという古いお客さんはそっちに行くけど、身バレ、顔バレ、名前バレしたくないという人は多いので、個人情報が守られる出張型に来ると思います」

――あと、お酒を飲むのがわずらわしいというのも理由にあるんでしょうかね。

オーナー「そうですね。余計なお金がかかっちゃうので。出張の場合、余計なお金はかからないから」

――バー型はもう増えないだろうと言われていますけど、出張型も今後は増えたりしない?

オーナー「出張型ももう増えないと思います。成功したいというハングリー精神のある子がいなくなった。それが一番の理由だと思います」

――それは経営者?　ボーイのこと?

オーナー「ボーイさんのほうですね。言い方が悪いけど、自分のことしか考えない子が多くなった。昔は店のためにとか、あとは金持ちになってやろうとか、夢を抱いて働く子がいたから。でも今の子は生活ができればいいやとか、なんとなくで働いている」

翔「ゆとりですからね」

オーナー「ゆとりという言葉で片付けたくないけど、〝ゆとってるな〟と思うことは多々あります」

――大きな目標を持つよりも、生活費を稼げればいいです、的な。

オーナー「そうです。あと、時間的にウリセンは、いわゆる一般の仕事をしている人の日給を1時間や2時間で稼げてしまうから、自分の時間が増える。働く側にはそれはいいことでしょうけど、そういう気まぐれな子ばかりだと経営がうまく回らなくなりますよね。短時間勤務とか、売れっ子が数人いるだけで、売り上げは変わってきますから」

ウリセンの流行には、ボーイの労働意欲が関係してくるようだ。

――風俗嬢も金銭的、労働環境的に辞められなくなる子は多い。別に辞める必要もないんですけど、翔さんはどうです？　これはしばらく辞められないな、みたいなところはあります？　そんなにおいしい思いはしてない？

翔「続けられるんだったら、続けたいとは思いますよね。若いうちしかできない仕事ですし」

――業界的には上限が25歳なんですよね⁉

オーナー「絶対ではありませんけどね。ただ、25歳はお肌の曲がり角とよく言われますよね。18歳と25歳の肌質は違うと思いますし。いくら人工的に頑張ったとしても、25歳が18歳と言ったらバレちゃう。会話的に落ち着きも出てくるし、肌の質感もそうだし。25歳になったら限界になってくると思うんです」

――ゲイのお客さんは若い子を求める人が多い？

オーナー「基本的には若い子がいいですよね。でもガタイ系のお店になると25歳以上がいいんです。25歳以下のガタイと25歳以上のガタイって、肉の付き方が違うらしく、若いとやわらかい筋肉になるみたいです。25歳以上になると堅い筋肉になってくる。だから22歳を26歳にしたり、年齢を上げることもあるんだとか。ガタイ系は真逆です」

――ガタイ系は筋肉の質に凝っている人が多いということ？

オーナー「そうですね。うちの店にも昔ガタイ系がいて、90分指名で、90分間筋トレをさせられたようなんです。ハアハア言いながら帰ってきたから『どうしたの？』と聞いたら、『ずっと筋トレをさせられた』って。『えー！　どういうこと？』みたいな（笑）。ふくらはぎが好きなお客さんで、スクワットをずっとやらされて、その様子を見てお客さんオナニーしてたと言っていましたね。『楽だったね』って言ったら、『いやいや、やったほうが楽だった』というようなことを言っていました」

――ちなみに今コースっていくつありますか？

オーナー「60分、90分、120分、150分、180分、ショートロング、ロング、貸切ですね」

――そこはバー型のウリセンとあまり変わらないですね。料金も変わらない？

オーナー「基本的には変わらないです。違ったとしても1000円、2000円程度の差しかないと思います。そこはどこも揃えてますね」

――となるとボーイさんのバックも大体同じ？

オーナー「基本的にはそうですね」

――差しさわりのない範囲で、子供の頃の話もお聞きしたいのですが、オーナーさんは北関東出身ということで。

オーナー「そうですね。小学生のときに両親が離婚して、半年後くらいに母親が新しいお父さんを連れてきました。そのへんなぜそうなったのか知らないけれど、たぶん浮気をしていたのかな。本当の父親もその後、再婚したみたいです。母親は新しいお父さんとも離婚しました。ちょっと複雑なんです」

──お母さんとは連絡を取られていますか？

オーナー「以前は取っていました。借金があったみたいでボーイの頃にお金を渡していたんです。それが何回か続いて嫌になって、縁を切ると言いました。そもそもその借金も元父親のせいにしていたけど、ふたを開けてみたら自分でつくった借金だったから。それで必要な額を送金して『もう二度と連絡をよこさないでくれ』と言って終わらせました」

──お母さん、ちょっと精神的に不安定な人とか？

オーナー「そう。うつだかパニック障害だかよくわからないけど、障害者1級の手帳を持っているぐらいなので。子供のときに、『借金だけはあんた、しちゃ駄目だよ』とか言ってたくせに、借金ばかりしやがってと思って。ふざけんなって」

──お母さんの病に子供の頃気がついてました？

オーナー「そうですね。精神科によく通ってたし」

──変な話、手を上げられたりとかは？

オーナー「自分、けっこう暴力振るわれてますよ。ぶっ飛ばされたりとか。すごかったわ、本当に。でも全然気にしたことはなかったです。勉強もできないし、学校もずる休みするし、『だからあんたは駄目な子だ』ぐらいのことを言われながらぶっ飛ばされていましたから。そういうこともあって、東京に来てお金を稼いでやろうと思ったんです」

——学校はあまり行ってなかった？

オーナー「そうですね。部活は楽しかったので給食から登校とかそんな感じでした。高校も定時制だし。そのあいまにホストを始めて、お金稼ぎのほうが面白くなって定時制も辞めました。だから学歴は中卒」

——暴力を振るわれたことがトラウマになったりはしなかった？

オーナー「全然。泣いてガマンしていたけど、中3のときに頭に来て、冷蔵庫を投げ飛ばしたら、それ以来、手を出さなくなった」

——その頃から、「いつか見てろよ」みたいに？

オーナー「馬鹿は馬鹿なりにやってやるわ、いつか見てろぐらいに言ったことがあります」

——そういう環境がハングリー精神を育んだんですね。

オーナー「勉強ができないから、大学へ行かなくても何か稼げる方法はないかなと考えたことはあった」

――今、頑張れているのもその時代があったから？

オーナー「そうだと思います。自分の家庭環境が変わっていたことを自覚していたから、人と違う道に進もうとは思ってた。結局、底辺の世界になっちゃったけど、仕方ないと思って」

――翔くんは？

翔「自分は本当に普通なんです。親も揃っていますし、離婚もしてないですし。兄がいて、家族４人で幸せに暮らしてました」

オーナー「日本昔ばなしみたい（笑）」

――高校を卒業して就職を？

翔「専門学校に行って、その後就職して働いて、辞めて、ニートをして、こっちに出てきました。ニートは楽だった（笑）」

――ニートということは実家住まいだったということ？

翔「いや、ひとり暮らしです。貯金もあったけどすぐになくなって、親からお金をもらってました。ピンチのときに連絡すると、親がお金をすぐに振り込んでくれたんです。何度か振り込んでもらいました」

オーナー「まぁ～素晴らしい家庭。うちなんか振り込まれたことは一回もないから。振り込んだことはあるけど（笑）」

――じゃあ、なんの不満もなくぬくぬくと。

翔「そうですね」

オーナー「だからそんなにばかになっちゃったのね」

――ご家族にカミングアウトは？

翔「言ってないですね。言えない」

――気づかれてもいない？

翔「実家に帰るたびに『彼女は連れてこないの？』と言われるので、まだ大丈夫みたいです」

――初体験が19歳ということは、専門学校のときですよね。それは彼氏だったのでしょうか？

翔「そのときは掲示板で知り合った人でした。付き合うことはなかったです」

――初体験を終えての感想は。

翔「こんなものなのかなという感じでした。相手のフェラがうまかったわけでもないし、ちんこがおいしいというわけでもなかったですし」

――当時、ゲイ友はいました？

翔「まったくいなかったです」

――じゃあ、友達も翔くんがゲイであることを知らない？

翔「たぶん知らないですね。でも高校のときにハグとかされると、喜んでいたと思うんですよ。だからたぶんバレてたかも（笑）」

――でもパッと見、ノンケと言われればノンケにも見える。

翔「けっこうお客さんにも言われるんです。ゲイっぽくないねって」

オーナー「調子に乗るなよ（笑）」

翔「だってオーナーは完全にゲイにしか見えないじゃないですか」

オーナー「ゲイっぽいってよく言われるし、だから黙ってりゃゲイじゃないのかなと思ってたけど、最近、黙っててもバレる（笑）」

――オーナーは、実家に帰ってもそのままなんですよね？

オーナー「いや、ちょっとキャラを変えます。声のトーンも超低くして、なるべくペラペラしゃべらないようにして、できる限り静かにして、『おお』とか『うん』とかその程度しか言わないようにしています」

——すごく意識して過ごされていると。

オーナー「はい。前はこれで6時間ぐらいもったけど、最近は1時間ももたなくなってきたかも。まずい。一回妹に、『お兄ちゃんオネエっぽいね』って言われたことがありました。隠し切れなくて、ちょっとオネエっぽくなってた。『接客業をしているとこうなっちゃうんだよ』とうまくごまかしたけど、たぶんバレたかな、みたいな」

——ご家族には仕事のことは？

オーナー「出張ホストの経営をしていると言ってます」

——ご家族は「出張ホスト」という職業を知ってるんですね。

オーナー「知ってます。そういう複雑な家庭だから、そんなことも知っているのだと思います」

——翔くんは家族に仕事のことを話してはいますか？

翔「飲食のバイトをしてると言ってあります」

——今後、カミングアウトする予定はありますか？

翔「する予定はないですね」

オーナー「自分もないかな。心配をかけたくもないし。言ったとしても自分が安心するだけで、家族は安心しないと思うから。子孫も残らないし。よくカミングアウトをする人、いるじゃないですか」

——今、そういう風潮ではありますよね。

オーナー「あんなの自分が安心したいがための自己満足だと思うんです。自分が安心したいだけ。言ったことによって家族の仲が深まったところもあるかもしれないけど、その反面、心配も増やすことになると思うんです。だからわざわざ言う必要はないかなと思って」

——翔くんはそのあたりどうですか？

翔「結婚したいし子供も欲しいなとは思うんですけど、カミングアウトはしたくない」

——どうします？

翔「どうするんですかね。これからたぶん決めるんじゃないかな。でも、自分の子供は欲しいですね」

——偽装結婚とか？

翔「そうなってしまうんじゃないかな」

オーナー「できればレズビアンで仲のいい人がいれば、偽装結婚はできると思う。もちろん婚前契約して、お互いの財布は別、子供に関しても詳細を話し合って決めていけば、結婚生活はできる」

（補足：この場合の偽装結婚は、いわゆる〝友情結婚〟に近い。同性愛者㊚×同性愛者㊛の婚姻関係。または異性愛者×同性愛者の婚姻関係。これらは双方がセクシュアリティを開示したうえでのもの。子供の有無、同居・別居等の事前の話し合いが重要になる）

――女性とセックスをした経験は？

翔「ないですね。でも女の人とやってみたいです。どんな感じなんだろう、みたいな」

――好奇心でね。勃つかもしれないし。

翔「はまったらそこから女の人にいけるかもしれないですし。〝ゲイ卒業できるかな〟みたいな」

オーナー「ゲイに卒業はないよ。ノンケから入学式を始めて、卒業式はない。ゲイは入学しかないんだから」

――そういったことはよく聞きます。オーナーの女性経験は中1のときだけ？

オーナー「そこから19のときまで。女性との体の関係は本当に人並みぐらい。両手で数えられるぐらい。6、7人ぐらいだと思うんですけど」

――地元でホストをしていたときに、いわゆる枕営業（セックスをして気持ちをつなぎとめる営業）もしていたんですか？

オーナー「枕営業はしてなかったです。友達営業（友達のような関係の営業）だけ。色恋枕すると面倒くさくなるのは知ってたから、友営オンリーでやろうと思って」

――そこを経てから、男性と肉体関係を。

オーナー「もう男のほうが多くなっちゃった」

――オーナーは、これまでにお店の男の子に手を出しちゃったりとかのご経験は？

オーナー「それはない」

翔「偉いですね（笑）」

オーナー「それは8年間ずっと頑張ってるの。違うところでちゃんと発散してる」

――今、誰かと付き合いたいとかそういうお気持ちは？

オーナー「自分、男と付き合ったことはないんですよ。だから、最後に付き合ったのは19歳のときの女性。そこからは恋愛が面倒くさくて体だけの関係でいいやくらいに考えていて。一時期恋したときもあったけど、結局実らずで。ゲイって浮気性ばっかりだから、期待させるようなことを言うわりにほかでも同じことを言ってたり、そういうのばっかり。そんなこともボーイ時代に全部見ちゃったから、もう恋愛はいいかな、みたいな」

――でも、ゲイカップルでも長く続いてる人たちはいますよね。

オーナー「5年、10年付き合っていたとしても、浮気をしていないカップルなんてたぶん、ないと思う。公認でやっているのもあれば、隠れてやっているのもあるし。やっぱり女性のほうが繊細なこともあって、長く愛し愛されたいという人が多いと思うんです。男性ってたぶん、浮気は当然というのがプログラムされているぐらいに浮気をする。だから自分はどちらかというと2番手でいられればいいやと。2番手だったら、ドライにやってドライにさようならという感じなので。男なんて飽き性ばっかりだから」

――セクシュアリティ問わず、男は飽き性で浮気性？

オーナー「あいつら（ゲイ）は人の浮気にはうるさいくせに自分は平気で浮気するからね。長く付き合っていてすでに身体の関係はなくて、お互いどこか外で済ますみたいなカップルもいますけど。それはもう、家族みたいな感じだと思うんです。でもそういう恋愛の形もありだと思います」

――翔くんは今まで彼氏がいたことは？

翔「2人いました。でも自分、かなり飽き性なんですよね。彼氏になった人とは一回も（セックス）してないです」

オーナー「え〜っ⁉　それ、付き合ったっていうの？」

翔「向こうはやりたがってましたけど、好きな人だったので、やりたいとは思わなかった」

オーナー「昭和の女はやりたいってなるよ。全然なると思う」

翔「性格が本当にいい子だったんです。それで、体じゃなくて、そういう面でお互い仲良くなれたらなと思っていました」

――それが2回続いたということ？

翔「そうですね。でも2週間ぐらい経つと、自分が飽きを感じてくる」

――そもそも何カ月も続くような恋愛をしたことがないんですね。

オーナー「愛の形をたぶん知らないんだと思う」

翔「中学校のとき3年間好きだった子はいました」

オーナー「好きだっただけでしょ?」

――その子とも何もしてない?

翔「なにもしてないです」

オーナー「やりたいとは思った?」

翔「どんなモノを持ってるのかなとは考えましたよ」

オーナー「モノってなに?(笑)」

翔「ちんこ(笑)」

――ずっと見ちゃったりとか?

翔「そうですね。凝視してましたね(笑)」

――その子に告白はしなかったということ?

翔「してないですね。同じ部活で、かっこいいのと身長が高いのと、あと真っすぐで、きれいな足をしてたんです。憧れというか、そういう感じで好きでした」

(ここでオーナーがトイレに立つ)

――じゃあ今はウリセンの仕事を頑張っていると。

翔「今オーナーがいないから言いますけど、そろそろ彼氏が欲しいかなって思うんです

（笑）」

――彼氏が出来たら仕事は続けたくない？

翔「いや、でも続けます。ちゃんと」

（オーナーがトイレから戻る）

その時代のボーイさんが、そういうリッチな人をパパとしてキープしているんです。それが困る

――今、月にどれぐらい稼いでますか？　ほぼ、毎日出勤ということですが。

翔「先月は40万いかなかったぐらいでした」

――それはいいほうなんですか？　悪いほうなんですか？

翔「自分の中ではいいのかな、みたいな」

オーナー「私たちの時代からしたら、そんな収入、売れないボーイみたいな感じよ」

翔「オーナーが現役だった頃は、本当にみんなすごかったらしいです」

オーナー「40万なんて言ったら、昼職でもやれば？　みたいに言われちゃうと思うよ」

――オーナーが現役だった約9年前は、平均でいくらぐらいでしたか？

オーナー「100万を下回ることは絶対になかった。吉原だとわからないけど、そこらへんの風俗嬢には負けないと思う」

――それだけ使う人がいたということですよね。当時は周りのボーイも平均的にそれぐらい稼いでた？

オーナー「月に100万円前後を稼いでいた人は店舗に5人ぐらいいたと思う。今、100万円稼げている子っているのかしら？　って感じですよ。今、せいぜい50万～60万ですよね。まあ、いいほうなのよ、あなたもそしたら。今の時代にしたらね」

――その収入が減った理由ですが、お客さんの数が減ったのでしょうか？　それともお客さんの使う金額が減ったのでしょうか？　リーマンショック等、景気が関係している？

オーナー「お客さんの使う金額が減った。自分らの時代はナンバー1をキープするために助けてあげようとか、ホストクラブっぽい使い方をするお客さんがいた気がする。目に見えないもので助けてあげたいという人が多かった。今のお客さんは単純にやりたいとか、指名時間で元を取ろうとか、そういう人が多いと思いますね」

ませんよね。

――この子をナンバー1にしたいと支えるにしても、ベースに経済力がなかったらでき

オーナー「社長とかそういう重要なポジションにいる方が多かったんです。余裕のある方たちが多くて。でもそういうお客さん、減ってはいないと思う。減ってないけど、使わせる側がそこまで引き出せなくなっただけだと思う」

――では、お客さん自体は減ってないと。

オーナー「とは思うんですけど」

翔「あと、その時代のボーイさんが、そういうリッチな人をパパとしてキープしているんです。それが困る。ほかの男に使わせないようにしている」

――なるほど！　そこまで考えが及ばなかった。リッチなパパをがっつりと摑んでいるってことね。それもウリセン業界の隆盛に多少関係しているのかもしれない。ゲイ業界の愛人も大変だ。

オーナー「ほかに行かれたらもう自分の生活が終わるし、みたいな。そこは頑張るかもね」

――今、翔くんは、やっている内容に対して報酬は見合っているなと思いますか？

翔「思います。それは満足です」

オーナー「お客さんにちゃんと満足感をあげられてるの？　それでそんなにもらってもいいと思えるの？　自分はそういうふうにボーイの頃は考えてたわよ。お客さんがまた来たいと思ってくれたかなと反省するし、もし来ない場合はなぜなんだろうって、よ〜く深く考えた。負けたくなかったから。そういうのが今の子にはない。僕が１５０万の収入があったときは、１５０万をもらって本当に自分がそこまでのことをしてきたのかって考えていた。そんなこと、考えたこともないでしょう？」

翔「ないですね。まったく」

オーナー「そこを考えるともっといい収入がもらえるよ。そこを考えたほうがいいんじゃないの？　自分は考えてたよ」

――でもそんなに稼ぎたいという意欲もなさそうですよね。

翔「ないですね。そういうボーイはあまりいないですよね」

オーナー「少なくなった。いなくはないと思う」

――おそらく努力しても返ってくる時代ではないからなんでしょうね。

オーナー「そんなことはないと思う。努力は絶対、身になると思ってる。それは努力のやり方を間違えてるだけ。だから、お客さんと適当にセックスをすれば指名につながるわけがない。例えば、おしゃべりが苦手ならくわえるしかないし、くわえたくないんだったらお尻を使うしかないし、逆パターンもありますよね。お尻を使いたくないのであればフェラのテクニックを磨かなくちゃいけないし、フェラもしたくないのであればしゃべりをどうにかしないといけない。それが伴ってないボーイさんが多いなと最近思う」

——それはゆとりだから？

オーナー「ゆとりとかそういうことは関係なくて、周りの環境、友達がそういう人間が多くなったから、そこに引きずられちゃってる。自分らの時代なんか、ハングリー精神どころか闘争心しかなかったから。ちょっとでも弱いところを見せたら食ってやろう、陥れてやろうみたいな人ばかりで、絶対弱みは見せない。そんな風に思っていた」

気になる収入だが、１９８４年のウリセンボーイの平均月収は30万円。当時の大卒初任給は13万５８００円（現在の14万５９９２円相当　※年次統計）なので、当時の大卒の約２倍の収入だ。現在のボーイの平均月収がこれまでの話を総合すると売れっ子のほうで

50万円前後。2016年の大卒初任給は20万4703円（産労総合研究所）で、こちらも約2倍。1984年も2017年もウリセンボーイの収入は大卒と比較しておよそ2倍の収入が得られる仕事ということになる。

オーナーが現役のボーイだった頃（2006〜2007年頃）売れっ子のボーイたちの収入は月平均100万円前後だったという。なぜ高額を得ることができたのか。私がウリセンに定期的に出入りするようになった2007年は、出版業界（書籍・雑誌含め）のウリセン人気もひと段落した頃だが、喧噪の名残を引きずりまだ賑わっていたのも事実。ウリセンバーで女性客をよく目にしたのも2010年頃までだったと記憶する。オーナーの現役時はウリセン人気で男性客も女性客もウリセンにお金を落としていた。やがてブームも下火になりそのうち景気も落ちてきた。そこへゲイアプリが登場し、男性客に限っては出会いツールが提供され、遊び方の幅が広がった。女性客はメディアのウリセンブーム下火に伴い、以前のように知る者だけが知る遊びに戻ったと分析する。

——お客さんから暴言や腹が立つようなことを言われたことはありますか？　風俗嬢の場合、「楽してお金稼いでいいね」とか、あと「親が泣くよ」とか言われるようです。

オーナー「それはよく言われてました。『親に言ってあるの？』とか、『お友達にバレたらどうするの？』とか。でも、だから何？　みたいな。自分、そこは割り切って、心をドライにして仕事してました」

――翔くんはお客さんに言われて傷ついた台詞はありますか？

翔「ないですね。基本的に優しいと思う」

オーナー「その辺、お酒を飲んでいるバー型のお客さんが厳しいと思うんです。やっぱりお酒が入るとどうしても口が悪くなるし、言葉遣いも悪くなる。気遣いができない人になっちゃう。出張型の場合は、礼儀正しいお客さんが多いと思う」

――シラフだからか。アルコールがかなり影響するんですね。

オーナー「たぶんそうだと思います。だから寂しさや孤独を感じるお客さんがバー型に行くんです。会話をしたいとか、友達をつくりたいとか、そういう人が行く。やりたいというだけの人が出張型なのかもしれない」

――ボーイって、どういう理由で辞めますか？

オーナー「リピーターがいなくなって収入が減って稼げなくなって辞めたというのが半

数。あとは貯金の目標金額を達成して辞めたという子が3割。恋人が出来たとかが1割。独立したいのでというのが1割。ほとんどは稼げなくなって辞めたと思います」

——ボーイの頃の知り合いで一番成功してる人は今、どんなことをされていますか？

オーナー「自分の掲げていた目標を達成できた人間はゼロだと思う。ただ、詳しくは話せないけど、自分が現役だった頃のナンバー2は、頑張ってるなと思う」

——当時の同僚と連絡を取りあったりとかは。

オーナー「連絡先を知ってる子には、たまに連絡するくらい。生きている道が変わったからお互いの道を邪魔しないようにという意味もあって、必要以上に連絡は取らないようにしています」

——バー型のボーイだと店内で過ごす時間が長いから、営業後にご飯を食べに行ったりの交流があるんだけど、翔くんはそういうことありますか。ボーイ同士の交流。

翔「ないですね。顔を合わせる機会がないので」

——今、プライベートで遊んでいる友達に、ウリセンのことは話してる？

翔「言ってないですね。言えないです」

オーナー「言えない言えない」

――それはどういう理由から？

オーナー「こっちの被害妄想かもしれないけど、偏見を持たれると思うから。気づかれてしまったら仕方ないと思うけど、言ったところで何かが変わるわけでもないですし」

翔「前に年上の人に仕事のことを言ったら、おごられるようになったんですよね」

オーナー「生意気ね、その大人」

翔「もう絶対に言わないようにしようと思いました」

――ウリセンボーイだから、こいつ、金持ってるだろうと思われたんだ⁉

翔「そういうのもあって言えないですね（笑）」

オーナー「自分もいまだに経営者ということを隠しますよ。お店のオーナーではなく、コンビニのバイトと言ったり。本当のことを言った瞬間に態度が変わる人もいたし、お金を持ってるだろうと勝手に思われるから。それを目当てに近づいてくる人もいるし。だからあまり言いたくない」

――高収入だと思われるから、そこに目をつけられる。仕事のことはそういう意味でも隠したほうがいいということですね。

オーナー「お金以外の面でも隠したほうがいいと思います。簡単に言えば、よくありがちな、これは女性も同じだと思いますけど、ウリセンボーイ＝病気（性感染症＝STD）みたいなイメージも持たれてるから。そんなわけないんだけどね。こっちのほうが相当気をつけていますけど。古い考えの人はそういう人が多いと思います」

――プレイ中はゴムをつけるんですよね？

オーナー「もちろん」

――今の若いゲイのコンドーム事情ってどうなんですか？　ハッテン場ではゴムをつけてます？

翔「ハッテン場はつけない人が多いですね」

オーナー「それは昔からだと思いますよ」

――梅毒が今すごく増えているというニュースが先日ありましたが。

翔「最近ヤバいらしいですよね」

オーナー「言ったでしょ。ウリセンのボーイが病気になるんじゃなくて、ハッテン場によく行く子が病気になる」

――周りのゲイで、性感染症に危機感がある人はいますか？

翔「若い子は生でやってると聞きますよね。自分は性病は怖いので気をつけています。かかったこともないし」

オーナー「自分もないです」

ウリセンは最後の受け皿だと思っているので、最初から受け皿に来るべきじゃない

――では翔くん、お友達に「ウリセンボーイになりたいんだけど」と言われたら、どうアドバイスしますか？

翔「『やりたいのであればとりあえずやってみれば』って言います。でもそれなりの覚悟がないとできないと思います。稼げるかについては人によると言いますね」

――ウリセンを始めたからといって、必ずしも稼げるわけではないということですよね。

翔「そうですね。リピーターがいなかったら全然やっていけないと思いますし」

――翔くんは、ウリセンがあって良かったですか？

翔「良かったと思います。いろいろな出会いがあったので。ウリセンはあまり良くない

仕事と言われていますけど」

オーナー「正直に言ってごらん。いいのよ、遠慮しなくても」

翔「人バレはしたくないですけど、でもいいんじゃないかなと思います。今のところは」

――いつまで続けようとか決めていますか？

翔「特に決めてないです」

――好きな人ができちゃったら、ちょっと仕事できなくなるかもな、みたいなのは？

翔「好きな人ができたら、ウリセンのことは言うと思います。それで相手にウリセンを辞めてと言われたらその人を諦めますし、それでもいいよと言ってくれるのであれば、付き合おうとなるのかなって」

――彼氏にはちゃんと仕事のことは言いたいと。

翔「言いますね」

――彼氏ができると仕事に行きたくないと風俗嬢は言いますよ。彼氏以外にさわられたくないようで、出勤数を減らしたりとか。

オーナー「そうですね。それは経営サイドのほうがよくわかります。彼氏ができた途端、週5出勤が週1出勤になったりして、あれ？　と思ってLINEのタイムラインを見ると、仲良さげに男と写ってるのが流れてきたり。自分はキャラクター的にそういうことが率直に聞けるから、聞くと、『彼氏です』って。で、彼氏がいてずっと出勤してなかった子が、別れた途端にまた出勤が増えたりとか、わかりやすいです」

――そのへんは女性もゲイも同じですね。風俗嬢も別れた途端に鬼出勤する人がいますし。オーナーへの質問ですが、「ウリセンボーイは稼げますか」と聞かれたら、どうこたえますか。

オーナー「『人による。努力次第ですよ』と言います。もちろん生まれ持った顔やルックスも関係すると思うけど、顔が駄目だったら性格でカバーすればいいし、人によるかなと思います」

――「ウリセンボーイを始めようかと思ってます」と言われたら?

オーナー「基本的に『やめなさい』と言います。翔にも最初そう言ったよね。『やめときなさい』って。いくら売れる見込みのある子でも『やめなさい』って」

――それはどうして?

オーナー「もしオーナーとしてお店の利益だけを考えているのであればやらせますけど、それ以上に今後の生き方も含めて、その子の人生を考えようと自分はしているので。どうしてもウリセン以外で働く場所がない、もしくは目標、夢があるというのであれば働けばいいと思うけど、そうでない人間が稼いだところで、一瞬でそのお金は尽きてしまう。しょせんウリセンなんてあぶく銭を稼ぐようなものだから、稼いだところで将来のために使うわけがない。だったらまず、苦労して昼職をやりなさいと自分は言うんです。酸素を吸っているだけでお金がかかることは皆同じなんだから、例えば家を借りることにして、敷金等の初期費用が必要になったら昼職で1カ月も我慢すれば給料は入ってくる。それから引っ越せばいい。ウリセンはわざわざ働くべきところだとは思わないので。業界をつぶしたいわけじゃないですよ。翔にも『まず、昼職へ行きなさい』ってずっと言ってたよね」

翔「言われたんですよね、自分」

オーナー「でも行かないの。この子ばかだから」

――昼職を強くすすめるのはどういった理由で?

オーナー「計画性がなくなるんです。1日8時間、残業があれば1日10時間ぐらい働いて給料日は毎月1回。そういうサイクルがあると、計画性がどんどんできてくるんです。でもウリセンボーイって、今日は稼げなかったけど昨日は稼げたし、明日も指名をもらっているからたぶん大丈夫、みたいな考えで、あるだけ使ってしまう。そうしていくうちに収支に関して計画性がまったくなくなっていく。ボーイなんて30歳や40歳になってもできる仕事ではないから、わざわざやる必要はないと思う。こういう経営方針だから、出張型のウリセンでナンバー1になれないんです。今、長い子だと3年働いてる子がいるけど、昔は1年で辞めさせようとしていたんです。ボーイを早く卒業させて、自分の目標に向かって頑張ってもらいたいなと思って。自分、1年で卒業しましたけど、ある程度貯金ができたから、皆もできると思っているので」

――特に事情もなく夢や目標がない子にはすすめないということですよね？　お金に関する計画性がなくなることも含め、特に初めての仕事が性風俗となると、社会性やビジネスマナーが身に付かない可能性も高くなりそうですし。

オーナー「そうですね。だから翔にもそう言ったし」

翔「その日に言われました。『やめなさい』って。でも自分はそのとき本当にお金がなかったので、『働かないとやばいです。働かせてください』と言いました」

オーナー「苦労でも、ウリセンの苦労ではない苦労を知ったほうがいい。自分もウリセン以外の苦労を知らないけれど、拘束時間も含めて、ウリセンより昼職のほうが絶対につらいはずだから。だから将来のことを考えたら、まず、最初はつらいほうに行くべきだと思うんです。ウリセンは最後の受け皿だと思っているので、最初から受け皿に来るべきじゃない。これ、いい人ぶって言っているわけじゃないから。本気で思っているんだから。ただ、ボーイを増やしたいだけであれば、それこそ嘘をついてさっさと入れさせるけど、自分はそういうタイプの経営者ではないので」

――オーナーの言っていることにはすごく納得です。ほかに追加アドバイスはありますか？

オーナー「まず、目標金額を決めてもらいたい。例えば100万でもいいから自分で決めて、そしてその100万の使い道も決めてもらいたい。家を借りて30万から40万、最初の生活で20万、ちょっと自分の娯楽に10万、残りは貯金するとかでもいいから、ちゃんとプランを立てて始めてほしい。そうして目標をクリアーして卒業した子は、ウリセンをやって良かったと、きっと思うだろうから。でも、今はそういう子はほぼゼロ。無計画」

――翔くんは、一度辞めてもまた戻ってきそう？

翔「たぶんお金がなくなったらまた始めると思います。けっこう楽に稼げるのでやると思います」
――今後、就職希望はあるの？　いつか正規雇用で働きたいとか、そういう気持ちは？
翔「今、昼職のことを考えてなくて、オーナーが出す店舗を手伝う予定なんです」
オーナー「もう動いていて。場所も決まっています」
――ん？　それは翔くんにお店を持たせて任せるということ？
オーナー「雇われになるか、フランチャイズになるかはわからないけど、やりたいというからやっていいよって。でも今は馬鹿すぎて無理。本人は軽い気持ちで言ったと思うけど、自分は本気に捉えたから動き始めた。あなたのひと声から始まって周りが動き始めているんだから、そんな生半可な気持ちでやっちゃダメよ」
――「店やりたいな」みたいなことを言ったんだ？
翔「言いました（笑）。ボーイとしてそんなに長く働きたくないので」
オーナー「地獄への片道切符だからね。でも自分も今の店を持ったのが22だから、できないことはないと思っていて」
――来年ぐらいには、いっぱしのオーナーになってるとか。
オーナー「もしかしたら抜かれているかもしれないし、乗っ取られているかもわからないし。怖いわ（笑）」

――風俗嬢の場合、働く気になれば40歳、50歳でも働けるんですけど、卒業後のサポートをする店などもあるんですね。ウリセンにもそういうサポートをしている店はありますか。

オーナー「自分をきっかけに好きな道に進めたらと思っていろいろとしていました。いまは情が入っちゃったりするからボーイさんと接すること自体が少ないけれど、過去にやったこととしては、就職先を紹介したり、そのボーイさんの進みたい業界の知り合いにつなげたこともあります。そういうことはすべきだと思うんです。おかまってひどいから、自分の損得優先で、売れる限り働かせようみたいな人が多いので」

――オーナーがそういう役割をすればいいんですね。ただ「早く辞めろ」と闇雲に言うのではなく、具体的なサポート。

オーナー「いい人を演じてるわけじゃないから。本当に自分はそう思ってるから」

――若くして成功されているのにはやはり理由があるんですね。周りにも気を配れる。

オーナー「そんなに成功はしてないと思う（笑）」

――生き残ってるというのはそういうことでは。

オーナー「生き残っちゃっただけ。みんなが弱かっただけ」

――ボーイに何か傾向はありますか？　例えばひとり親家庭が多いとか、低学歴が多いとか、そういう特徴が。

オーナー「過去と現在で言うと、過去は片親だったり、親がいないから施設暮らしだったりという人は多かった。そんなのが当たり前。何かしらの事情を抱えてる子が多かったけど、今の子は、平和なのにウリセンで働いている。うちの店が2年目、3年目ぐらいのときは、いわゆる名門大学の子しかいなかった時代がありました。親から仕送りをもらっているくせに、遊ぶ金欲しさでウリセンで働いたりとか、そういう時代もあった。あんたら何やってんの？　みたいな感じで、本当にびっくりしました」

――今のウリセンボーイは家庭の事情を抱えている人は少ないということ？

オーナー「自分が見ている限りでは平和な家庭の人が多いかなと思います。以前は絶対に何かしら問題がありました。性格も我が強い子が多かった。特に片親でお母さんに育てられた子は多いと思います。ゲイ全体にそれは多いと思う」

――ゲイでひとり親の確率はけして低くないと？

オーナー「多いですね。そしてボーイさんには複雑な家庭育ちという人も多い気がします」

（補足：幼少時の環境がセクシュアリティに影響するという一説がある。たとえば父親不在の家庭で育った女性が穴埋めで男性役を演じたり、女性ばかりの環境で育った男性が女性化するなどの研究結果はある。在タイ中に取材したタイの名門チュラロンコン大学の心理学部の教授は、離婚率の高いタイでひとり親家庭で育つ子の多さ、それがタイのセクシュアルマイノリティにも影響を及ぼしているのは否めないだろうと発言していた。「pomelo」Vol・5　2003年6月1日号）

——で、今日の結論としては、翔くんはいいオーナーに出会えたということですよね。話は飛んで（笑）。

オーナー「悪いオーナーなのよ（笑）」

——経営者としてのノウハウ、知識を身に付ければ、オーナーのように生き残れて財をなせるかもしれない。せっかくのチャンスですものね。そういうチャンスもあまりないと思うので。

オーナー「今日の朝もLINEを送ったでしょう。人を引きつける運というのがあって、それは自分がそれにふさわしい人にならないと現れないって。利益しか考えないウリセンのオーナーにはなってもらいたくないんです。ギブアンドギブをしていればいつの間にかテイクがやってくる。お客さんもリピーターになってくるし、人もついてくる。よく2丁目で大御所と言われている人がいるけど、言われるには理由があって、魅力的だからこそ、すごいと言われて大御所になるわけ。大御所になりたいと思ってなった人なんていないと思うし」

――いつか大御所になっているかも（笑）。

オーナー「なりたくないです。大御所になったらそれこそゲイとして生きづらくなっちゃう。できれば自分も違う業界でステップアップしたいし」

――何か予定されているんですか？

オーナー「いろいろと。いろんなビジネスができればなと思って」

――どんなことをされるのか楽しみです。

オーナー「何からやろうかしら。もしかしたらお金がすっからかんになっちゃってガード下で寝てるかもしれないし」

――ガード下より夜の新宿御苑周辺のほうが静かで安全ですよ（笑）。

オーナー「そしたらみんなで助けてね（笑）。パン1個ぐらいちょうだい」

これでウリセンの章は終わる。バー型のオーナー（異性愛者）とボーイ（異性愛者）、出張型のオーナー（同性愛者）とボーイ（同性愛者）と、バラエティに富んだ取材ができ、予想以上に満足ができた。性風俗の話題になると、その是非が話題になりがちだが、それは女性セックスワーカー×男性客に絞られた議論で、それ以外のものが話題にのぼらない。しかしいざこうして男性セックスワーカーへのヒアリングを行うと、従事者も悲壮感をにじませないし、ユーザーも攻撃的差別的な人がいるとしてもそれほど多くないことがわかる。女性セックスワーカーへの風当たりの強さはどこから生まれてくるのか。単純に、自分が理解できない受け入れられない人への嫌悪感をそれらしい言葉で武装して非難しているだけではなかろうか。そんな気さえしてくる。

そしていよいよ最終章へ。性風俗でもマイノリティなジャンルになるが、根強いファンを持ち、より性の奥深さを感じさせるものである。

第三章　ニューハーフヘルス

- 店舗型、出張型がある。首都圏を中心に、地方都市にも点在
  女装子、男の娘も含めてニューハーフヘルスと表記されることが多い
- サービス内容はヘルスと同じだが、大きく違うのはアナルプレイ（AF／アナルファック）があること。AF、逆AF（従事者が利用者に挿入するプレイ）はニューハーフヘルスの醍醐味ともいえる
- 顧客：おもに異性愛者（ストレート）の男性

変な話、ニューハーフ業界は下をいじっちゃうとガクンとお客さんが減っちゃうんです

トランスジェンダー活動家の元ニューハーフヘルス嬢［53歳］

さて、ニューハーフヘルスである。念のため説明すると「ニューハーフ」という言葉は1981年にショーパブ〝「ベティのマヨネーズ」のママ〟のベティママと桑田佳祐さんの会話の中で生まれたものだと言われている。そう、桑田さんが生み出した言葉なのだ。

ニューハーフの人たちは、テレビなどメディアに登場する機会も多いのでその存在は広く一般に知れ渡っている。そしてニューハーフヘルスを長年支えてきた功労者は言わずもがなニューハーフの人たちだ。なぜそんな当然のことを書くのか。ニューハーフヘルスだからニューハーフが働いているに決まっているだろうと思われるかもしれない。

しかし、ニューハーフヘルスはニューハーフ以外に、女装子《じょそこ》、男の娘《こ》と併記されることが多い。この、女装子（性自認が男性である人が女装すること）や近年台頭してきた男の娘（性自認は男性で女装する若者、または女装しなくても女性に見える若者）は、ニューハーフ（性自認は女性）と性自認も性的指向も違っており、ニューハーフヘルスとくくられながらも共通点がほぼ見当たらなくなってしまうのが現状だ。唯一共通している点は、生物学的に（元を含め）男性ということぐらい。そういうこともあり男娼をテーマにしたこの本に登場していただくことになったのだが（男娼でもあるが風俗嬢でもある）、私は頭を抱えることになる。

いわゆる風俗嬢と呼ばれる女性たちから出張ホストまでは、これまでの自分の経験と知識で取材への下準備にさほど時間を要しなかった。ウリセンボーイも自分にとって身近な存在だったのでしのげた部分はある。が、ニューハーフヘルスとなると、セクシュアリティについて、これまでの知識分だけでは取材者として不足するところが多々あり、あらためて学ぶべきことになったのである。新宿2丁目に住んでいるのに、だ。ゲイに関しては友人も多いことがあり多少の知識はあるが、LGBTで言う、L（レズビアン）とB（バイセクシャル）もクリアーできるとして、T（トランスジェンダー）に関しては複雑すぎて脳内整理がすぐにつかなかった。それらを踏まえて感じたことは、多様なセクシュアリティを体現しているのがニューハーフヘルスにいる人たちということだ。これに関してはこれ以降登場する人たちの性自認、性的指向を見ていただければおわかりになると思う。ニューハーフヘルスまで辿りつくと、語るべき重要なポイントが多すぎて（すでに多くの単語が出てきて混乱している方もいることだろう）、性風俗の是非とか、何か見当違いの議論にさえ思えてくるから不思議だ。どれも同じセックスワークなのに詰め込む知識の内容が違いすぎるし、質問する内容も一変してくる。とりあえず言えることは、属性によってやり玉にあげられるのがセックスワークの特徴ということだろう。女性セックスワーカーは偏見にさらされ、男性セックスワーカーは好奇のまなざしにさらされる。もしくは興味の対象にもならない。風俗嬢よりスポットが当てられないのは、数の違いもあるが、いわゆる世間の意識下にあるからだ。その世間の目線とは誰によってつくられているのか。そこを考えていくのもおもしろいだろう。

この章の最初に登場していただくのは畑野《はたけの》とまとさんという女性だ。とまとさんはトランスジェンダーの活動家として活躍していることもあり、ご存じの方も多いことと思う。活動家であり、ライターであり、元ニューハーフヘルス嬢でもある。じつは私、2

００５年に、ニューハーフヘルス嬢としてのとまとさん（当時40歳）に取材をしている。今回12年ぶりに再会し、話を伺った。まずは最初に、２００５年当時に掲載された原稿をお読みいただき、とまとさんの半生にふれていただければと思う。

女性に犯されてみたいという願望が男性にはあるみたいで

【２００５年原稿より】

今回ご登場いただくとまとさんはニューハーフデリヘルにお勤め。このコーナーで初のニューハーフ風俗嬢。いやがうえにも期待は高まりいざ取材。長い髪に豊満な胸、そしてコンプレックスだったという長身が圧倒的な存在感を放っていました。あれも聞きたいこれも聞きたいということで、まず、この質問から。

いつ頃からセクシュアリティに違和感を持ち始めたのでしょうか？

中学生くらいからですね。なんかちょっと変だなっていう。この頃、夜のトーク番組にカルーセル麻紀さんが出ているのを見て、その話を聞いているうちに、「あっ、こういう生き方もあるんだ」と思ったのが最初。のちのちまでこのときの記憶がすごく残りました。

24歳から女性ホルモンを使い始めましたが、それまで真剣に悩むというよりは、〝そのうちなんとかなるさ〟的な楽観的な感じで過ごしていました。だから20代前半まで考えていたのは、「早いうちに結婚しちゃえば男性として生きられるのかも」ってこと。男性として生きていくほうがやっぱりラクだと思うわけです。それで女性と付き合ったこともありましたけど、雰囲気とかでバレていたみたいです。

で、24歳から女性ホルモンを使い始めて身体がいれかわるまでの約2年は友達にもひた隠しにしていました。で、ある年のハロウィンパーティーで女装して、それが好評だったらカミングアウトしようと。特別に好評というわけでもなかったのですが、違和感なく受け入れてもらいました。つぎは職場でのカミングアウト。仕事を辞めたいと思っていたときに辞めさせてくれなかったので「辞めさせてくれなかったら明日から女性として出勤しますよ」と言ったら、女装が案外すんなりと受け入れられて、それで女の格好をして出勤するようになりました。

それまで胸のふくらみも上着で隠していたので、突然の変わりように周りも少し驚いてましたね。でもすべてが結果で評価される業界（システムエンジニア）にいたので、仕事さえちゃんとしていたら格好はさほど重要ではないという気風があったので助かりました。

その後少ししてから念願の退職。しかし決まっていたはずの飲み屋の仕事がキャンセルとなってしまい、フリーでＳＥの仕事を始めるとまとさん。ときはバブル崩壊後、そのしわ寄せが彼女のところにもやってきた。不安定なフリーランスの収入。生活にわずかな不安を抱いた彼女が手にしたのは、ある新聞だった。

ちょっと生活に不安が出てきて、さ、どうしようかなと思ったときに、新聞に出ていたニューハーフのヘルス店に電話したんです。「じゃ、明日から来て」と、とんとん拍子に進んで。その少し前から相方（恋人のことを彼女はずっとこう呼んでいた）と住むようになっていたので、２人で面接に行きました。相方が飲み屋で働けるタイプではなかったので。

初めてのお客さん……。完璧に舞い上がっていたのでまったく覚えてないです。プレイの内容は口頭で説明されただけで、いきなりお客さんが付きました。

新人の頃は「痛い」ということが言えなかったんですね。でもそれを言わないと間違いなく怪我をするんです。そういう対処法を身に付けるまでの半年ぐらいは、怪我をしっぱなしでした。

客層はノンケの男性です。ニューハーフ好きの方ってけっこういるんです。ニューハーフの何がいいかを直接聞くことはないのですが、逆アナルと言って、私たちがお客さんのアナルに挿入するのが少しウケているみたいですね。すごく矛盾した話なんですけど、女性に犯されてみたいという願望が男性にはあるみたいで。

私の身体の状況は、胸は手術をして、下はそのままですけど、変な話、ニューハーフ業界は下をいじっちゃうとガクンとお客さんが減っちゃうんです。ついていたほうがお客さんが喜ぶんですよね。その理由はよくわかりません。あと、元男性だから男性が一番感じるツボをよく知っているという話もよく聞きますが、それはお客さんの幻想ですね（笑）。元男性のニューハーフも本当の女性も、攻めるポイントってそんなに変わらないですよ。

そのお店には5年いました。でも、相方がお店のお姉さんと大ゲンカをして、お店にいるのが気まずくなり、相方とニューハーフデリヘルを始めることになりました。経営兼従業員ということで2人で始めて5年になります。

「相方」さんの話が出てきたときにお気づきになった方もいるかもしれない。彼女の恋人もニューハーフ。あえてふたりの関係に男役女役というくくりを決めずに一緒に暮らしているという。ちょっと複雑な話だが、「トランスの同性愛」というやつだ。

相方と一緒に住み始めて丸10年です。なんとなく波長があったというか。いまは家族みたいな感じで24時間ほぼ一緒にいます。ヘルスで働き始めるときに、相方が知らない人にさわられることへのジェラシーがまったくなかったといえばウソになります。いま、相方とは、ほとんどセックスレスの状態なんですが、お互い誰と遊んだかという情報は言うようにしています。逆に知らないところで何かをされるほうがイヤ。

ニューハーフの恋愛。さまざまですね。自殺する人で一番多い理由が恋愛問題なんですね。特に性転換後の恋愛が一番危険です。ここまでしたのに、やっぱり私を女として認めてくれないんだって、どんどん内側へこもっていっちゃう。うまくいっているカップルもいれば、そうでないカップルももちろんいます。

仕事のことは友達は知っていますけど、家族は知りません。ライターもしているのでライターだと言ってあります。実家には……えっと、今年の初めに5年ぶりに帰りました。

私に胸があることを母はもう知っていたので、性同一性障害のニュースが流れ始めた頃に「あんたってこれなんじゃない?」とそれとなく言われて、いきおいで「うん」と言ったのがカミングアウトかも。それがもう9年前。父親は母親から聞いているかもしれないけど、あらためて自分から言うことはしていないです。オネエのカミングアウトはぜったいに受け入れられない部分があると思うし、親の立場になって考えると納得しきれない部分があると思うんです。ひさしぶりに帰っても世間話だけをして、余計な話はなるべくしないようにしました(笑)。

今現在、胸にシリコンを入れ、ピルを飲んで男性ホルモンを抑えているとまとさん。

いつかは性転換したいのだろうか?

おちついたら「性転換したいね」と相方とは話していますけど、ぜったいにしたいかと言えばそうでもなくて。なんで性転換したいかと言えば、気を使って夜中に温泉に入ったりしているので、それをしなくてもいいようになりたいね、みたいな感じです。もちろん温泉は女湯、トイレも女性用を利用しています。この格好で男性トイレにはいるほうが問題なので。ま、やるとしたらデリヘルを辞めてからでしょうね。どちらにせよ、手術後3ヵ月は使いものにならないから、そのあいだの収入確保もしなくちゃいけないし。

だからこれまでの稼ぎのなかで一番の買い物は胸なんです。豊胸手術に関しては権威のある美容整形外科でしました。日本でです。大きさは「自然に見える範囲で最大にしてください」と言いました。手術時間は2、3時間。不安はまったくなかったです。相方もこの病院で手術したのですが、術後、何時間か病院で休んだみたいです。でも私は、麻酔が切れ、目がさめてすぐにうちに帰りましたから。何か食べないといけないと思って、ケーキを帰りに買ったくらいで。

まだ皮がのびていないから、圧迫感がありました。でも1週間後には仕事に出てましたよ。
仕事を辞めたくなるときは今は特にないですけど、ライターの仕事がけっこうあるので、デリヘルは相方とマイペースでやっています。相方とはこれからもずっと一緒にいる予定です。

「性同一性障害の人はかわいそう」だとか、「ニューハーフとして生きるのは大変」とか、世間が持ちたがる悲壮な視線に疑問を持つというとまとさん。軽やかに壁を越えてきたたくましい!? とまとさんの夢を、最後に聞いてみた。

今後は、男性も女性も見られるような性総合情報誌的なHPをつくりたいなと。あと、風俗嬢のブログ的なものもやってみたいですね。いろいろと考えていることはあるんですけど、何事もマイペースでやっていければいいなと思っています。

＊＊＊

ここまでが過去原稿である。

これ以降、ともとさんはどう過ごされたかというと、当時相方さんと住んでいた場所から引っ越しをし、家賃が下がったことと、ゲーム本ライターの仕事が軌道に乗ったこともあり、デリヘルのほうは新規客を取らず、これまでの指名客のみを取ることにした。2007年頃にはニューハーフデリヘルの看板を完全に下ろし、ライター専業となる。2008年に女性名に改名をした（言うまでもなく、畑野ともとは活動家名である）。そして2013年にトランスジェンダー活動家として復帰する。復帰というのは、1996年からともとさんはすでに活動家として動いていたからだ。そして1998年頃に活動から手を引いた。このあたりを詳しく聞いてみた。そもそも1996年に活動を始めた理由は？

「私、活動家歴だけは長いんです。まず、国内で一番最初にトランスジェンダーのHPを1996年につくりました。当時はトランスジェンダーの情報が何もなかったので、情報が欲しかった。この頃にインターネットが始まって、ヤフーとかでトランスジェンダーと片仮名で入れてもなんにも出てこない。でもアメリカのヤフーでtransgenderと入れると、個人サイトからポータルサイトまでたくさん出てきて、その情報量の多さと、日本の情報量の少なさに驚きを感じることになりました。ひとりで翻訳するのは大変なので、誰かに手伝ってもらいたいと思い動き始めたら、有志の方々が集まってくださった」

この有志のひとつとして、ゲイ・フロント関西というゲイが中心となる団体が協力をすることに。ＬＧＢＴとひとくちに言っても、個人的印象としては（周囲のゲイやレズビアンを見て思うことは）、ＬＧＢＴはそれぞれが独立し、そのコミュニティ内で絆を深めるということだ。Ｌ（レズビアン）は案外Ｇ（ゲイ）のことを知らないし、その逆もあるし、Ｇ（ゲイ）やＢ（バイセクシャル）がＴ（トランスジェンダー）に詳しいということもけしてない。なのでゲイ団体がトランスジェンダーの情報提供にポジティブに取りかかること自体が個人的な驚きであった。先人たちの垣根を越えたこうした努力により、日本のＬＧＢＴ環境が整えられてきたのだろう。

「当時から一貫してトランスジェンダーという言葉を使っているのは、自分も含めて国内に数人しかいなかった。ニューハーフならまだいいんですよ。みんなが性同一性障害と言い始めちゃったから」

とまとさんは、「性同一性障害」という言葉に違和感を強く持つ人だ。この言葉に救われたという人もいれば、そうでない人もいる。しかし、2013年にアメリカの精神医学会『精神障害の診断と統計マニュアルDSM-5』において、「性同一性障害」は「ジェンダー・ディスフォリア」と新しい診断名になることが決まった。2014年5月に日本語訳として「性別違和」とされることになった。この背景には性の多様化への寛容が進んできたこと、精神疾患とくくられることへの当事者からの反発があったことが関係している。

ともとさんがなぜ早々に活動から手を引いたのか。ざっくりと説明すると、当時の日本精神神経学会の性同一性障害に関する特別委員会の『性同一性障害に関する答申と提言』に納得できない部分があったからだ。この答申により診断・治療のガイドラインが定められ、日本初の性別適合手術が1998年に埼玉医科大学で行われた。この段階で戸籍の性別変更はまだ認められていない。2003年に可決・成立した「性同一性障害者の性別の取扱いの特例に関する法律」（2004年施行）により、戸籍の変更が可能になった。

「その1997年の答申のときに、私、活動から手を引いたんです。性同一性障害の範疇からニューハーフを除外します、みたいなことを言い出したからです。途中の答申で、さすがにそれはおかしいということで変わりましたけども、一番最初の答申が出たときにふざけるなと思って」

ここでまた説明になるが、「性同一性障害」は生物学的性と性自認が一致しないことを指し、「ニューハーフ」は生物学的性と性自認が一致しない人が女装をし、ナイトワークやエンターテインメントの世界で生活している場合を指す。ニューハーフという言葉は、蔑称の一面も持っているので、この説明では言葉足らずと感じる方もいるかもしれないが、ここではとまとさんの文脈で説明する。

「医者が職業を差別するのは医療倫理としてあり得ないだろうと。私は医者や学会の人たちにコミットして活動していくなんて、ちょっとそれはできないと思った。なんだかんだ言って、私はニューハーフという業界でお世話になったし、当然以前のお姉さま方のつくってきた土台があるから食えているという意識でしたので、それを足蹴にするのはとてもじゃないけどできませんと。ただ、どういうわけか、周りの人たちを見てみると、ものすごくお医者さまにすがって、宗教のような状況になっていて、それでこの人たちについていけないと思って手を引いたのです」

それ以降は「インターネットで言いたいことを言っていたのですが」と、ご意見番のポジションをキープしていた。それには理由があった。

「しばらく経って、ヤフーチャットやそういうところで、若いトランスの話を聞くようになったんです。そうすると、どうやら思っていたほど、みんなが幸せになっていないことがわかった」

――それは手術を受ける前、後、どちらも？

「どちらもです。受けた人は特に。幸せになる予定で手術をしたんじゃなかったの？という話が多くて、これは放っておくと駄目だなと。とにかくお医者さんに対して意見を言っていかなければと思った」

――幸せになっていないとは具体的にどのように？

「仕事がない。そもそも就職試験に受からない。『うちはそういうのは雇っていないので』と断られる。手術をした人たちの自殺率がものすごく高くて。就職が原因というのもある」

――仕事に関して将来を悲観して自殺するということ？

「そう。将来を悲観してしまいますよね。ありのままの自分では受け入れてもらえないのと同じですから。手術をすれば女になれるのかと思ったら、世間が認めてくれないわけじゃないですか。一番やばいのが手術をして、わりと見た目はしっかりきれいな女の子になったとしても、恋愛をして、ふられたとき。恋愛ってふられることがよくありますよね。でも、そのふられたときのダメージが一般人と違うんです。ここまでしたのに、私を女性として認めてくれないんだ、みたいな。もうそこで、絶望状態になってしまうので」

――本人的には、半ばその男性を思って手術をしたのに。

「そういう人もけっこういるんですね。これはけして答申だとか法律の問題ではないんだけれども、トランスジェンダーが抱える課題点ということで、情報発信していくことが必要だなと」

継続して発信をし続け、畑野とまとという名前は徐々に浸透していく。そして2012年に、WPASH（トランスジェンダーの健康についての専門家集団）の理事が来日し、その講演会をきっかけに、旧知の仲間たちとの交流が再開し、2013年に活動家に復帰した。

女性にペニスがついている人が好き、みたいな。そういうフェティシズムです

　とまとさんは24歳で女性ホルモンを投与し始めたが、その約1年前から、ニューハーフや女装の人たちと交流を深めるようになっていた。そこで初めてトランス（性別越境＝生物学的性と性自認が一致しないが、性別適合手術をしていない人）した人を生で見た。夏はそのお姉さんたちとプールへ遊びに行く。そして女性として溶け込んで生きている様子を目の当たりにし、徐々に感化されていく。ただ、意外にも、「行動に移そうとしようにも、私はそれまですごくトランスフォビック（性別越境者への嫌悪感）が強かったので、人に聞けなかった。恥ずかしいし、自分が変態と思われるのが嫌だったんです。トランスした人が身近にいなかったから、気持ち悪いとずっと感じていたのです」と話す。とまとさんは、ボーイ・ジョージを神とあがめていたので、女装やメイクに嫌悪感はなかったが、トランスジェンダーに関しては近親憎悪のような感情を抱いていた。

「当時ひとり暮らしをしていたので、わざわざ遠い神保町まで行き、メイクのハウツー本などを買っていました。地元の本屋さんで探して変な奴だと思われるのが嫌だったの

で。必要な道具を揃えて、家でこそっと。23歳のときです」

それからタイミングを見て新宿2丁目のニューハーフのお店へ女装姿で出入りするようになる。そして女性ホルモンの存在を知ることになり興味を持ったが、ここでも「人に聞くのが嫌だったんです。それはカムアウトになるから。あたしがそういうことで悩んでいるのを知られたくなかったのです」という理由から、ホルモン処方しているところを自分で調べて、病院を訪れることになる。

――そのときは肉体的に女性に近づきたい意思があって動いていたのでしょうか？　周りにトランスしている人が多いから影響されたのでしょうか？

「すごく葛藤していたと思います。そちらのほうで生きられることを知ったので、強くそれに憧れたけど、そちらに行っていいものかどうかという迷いはあった」

当時はシステムエンジニアをしていた。ホルモンを打ち始めて身体がある程度できあがっていたこともあり、退職願いを出す。あとは前述した通りである。この頃ちょうど相方さんと同居するようになった。相方さんとはパソコン通信で出会った。

「私、バンドをやっていて、パソコン通信のホストが主宰するパーティで演奏したんですけど、それを見に来ていた女の子が相方でした。結局ニューハーフだったんですけどね。いろいろと話していくうちに仲良くなって、相方が実家から出たいということでシェアハウスみたいな感じで同居するようになった。その時点で交際はしておらず、ただの友達でした。一緒に住み始めて半年ぐらい経ってから、付き合うことになりました」

飲み屋で働くことになっていたが、ママが行方不明となり、その話はなくなる。そして相方さんと2人でニューハーフヘルスで働くことになる。1995年の話だ。その10年後の2005年に私はとまとさんに1度目の取材をしている。

ニューハーフヘルス第1号店は東京・入谷に1983年にオープンした。その店で活躍されていたママは今も現役で違う店で働かれている。1986年の週刊誌記事によると、当時都内にはニューハーフヘルス（マンション型）が5軒、デリバリー式が十数軒あり、約300人のニューハーフヘルス嬢がいたそうだ。ヘルス嬢の身体状態は現在とほぼ変わらずで、①男性器がある、②いわゆるタマ抜きがされており竿付きの状態、③性別適合手術を受け女性器がある――の3つに分けられる。胸に関しては豊胸手術を受けた人、ホルモンでふくらんでいる人といった感じだ。プレイ料金は、1986年で90分1万5000円～2万前後、およそ30年後の2017年は90分2万円前後とほぼ据え置きになっている（「週刊ポスト」1986年9月26日号）。

ここでとまとさんが現役のセックスワーカーだった頃のホームページ画像を見せてくれた。現在よりも細身のしなやかな身体に悪女っぽい目つき。籠絡されたい、そう思う男性がいても不思議ではない。そんな妖艶な雰囲気をまとっていた。

ここであらためてニューハーフヘルスの客層についてふれてみたいが、セクシュアリティはノンケ（異性愛者）がほとんどだ。バイセクシャルは少しだけ。

「私のお客さんは7割ぐらいが結婚されている人でした」

――それはいわゆるニューハーフ好きという人？

「そうですね。よく、〝トラニーチェイサー〟なんて言葉を使いますけども、ニューハーフというか、女性にペニスがついている人が好き、みたいな。そういうフェティシズムです。そういう方がいらっしゃいます」

店舗数だが、とまとさんが現役時には「都内に4軒、デリヘルが数軒みたいな感じでした」ということだったが「今、当時の5倍とかそれぐらいになるんじゃないでしょうか。有名店だけで20軒以上はあります」ということなので、ニーズは以前よりも高く、ユーザーも増加しているということだろう。ニューハーフと言えばタイも有名だが、タイの歓楽街には必ずニューハーフのゴーゴーバーがある。白人、アジア人……と、肌の色、瞳の色、国籍問わず、ニューハーフを愛でる人たちが世界中にいる。

――倒錯感がいいんですかね。女の子なのにちんこがついているという。

「外性器なので、形がわかりやすいじゃないですか。ああいうものが好きな人って意外に多いんですよ。男性の場合、女性器にリビドーがある人は案外いないんです。むしろおっぱいとか、わかりやすいものに反応する人が多い」

――ということは、性別適合手術を受けて女性器をつくると、あまり人気が出なくなるということ？

「ニューハーフとしては商品価値が下がりますよね。だって、それだと女性と同じになるので、女の子のほうに遊びにいくと思う」

――お客さんは女の子に付いてる男性器をしゃぶりたいという願望があると。

「逆にしゃぶらない人のほうがめずらしいですよ」

その絵面を想像してみたが、たしかにその倒錯感は、底なしの中毒性があるような気もした。

男性だからペニスの扱い方ぐらい知っているだろうと思ったら、全然大間違いで

12年前の取材では「プレイ中、何も言わないと確実に怪我をする」と話していたがその詳細を聞いてみた。

「まず、お客さんにはニューハーフのペニスを喜んでいじる人が多いんです。何も言わずに突然くわえてくる人も多いですし」

――いきなりくわえてきて、すごく乱暴に扱ったりとか？

「男性だからペニスの扱い方ぐらい知っているだろうと思ったら、全然大間違いで、かなり乱暴に扱う人が多くて」

――かんできたり？

「かむのは全然普通にあり。外性器なので、こすりやすいじゃないですか。でもハードにこすると、当然ながら男性器も痛くなってくる。特に亀頭部分って弱いんです。そこを重点的にこすられると、あっという間に腫れていってしまう」

――男性ならば同じ性器を持っているから自分がされて気持ちいいことをすればいいの

に、力を入れちゃう。結局、性器のことがわかってない？

「全然わかってないですね。女性の風俗嬢も同じ思いをしているみたいですよ。以前、友達のソープ嬢から『ＳＭプレイしてみたい。とまとちゃん、一緒にやってくれる？』って誘われて、ＳＭプレイをしてあげたことがあったんです。そのときに、私、指入れをしたんですけど、終わった後に、『なんで痛くない指入れができるの？』と聞かれた。『痛くないのが当たり前でしょう。痛くするほうがおかしいの』って。ソープ嬢の考え方としては、もう痛いのがデフォルト」

――ガシガシとガシマンする人が相当数いるみたいですね。力を入れれば気持ちいいだろうという考え。やはりＡＶの影響なのでしょうか。

「ＡＶの影響はあると思います。ＡＶって編集されているので、じっくりほぐしているところはたぶんカットされているので」

――ＡＶはいきなりクライマックスみたいな感じで見せますからね。じゃあ最初の頃は、腫れることがよくあったんですね。それでも仕事はする。「痛い」とは言えない？

「言えなかったですね。でもこのまま『痛い』と言わないと大怪我をしちゃうと思って、柔らかく言うようにしました。身体優先でいかないと、お金も稼げなくなるわけですから」

ニューハーフヘルスはアナルセックスが可能だ。女性器（膣）は違法だが、肛門は合法。これもまた不思議議である。同じ穴でも天地ほどの差がある。しかし肛門も女性器同様、性感染症（ＳＴＤ）のリスクは高い。女性器と違う点は、肛門は、妊娠・出産に無関係な部分という点だ。

――プレイではアナルを使いますよね？　コンドームの使用状況はどのような感じですか？

「フェラのときはしませんけど、アナルプレイのときは使います。これ、ニューハーフ業界は基本、一緒だと思います。ニューハーフ業界はそこには気を使っている」

――性感染症に関して危機感を持っていると。

「お店の質によりますけどね。ママさんやスタッフの意識が高い系の店だと、そういうところはしっかりしています。ゲイのウリセンはコンドームを使用しない店もあるとか。そういう話を聞きますよ。それはリスクが高い」

――ウリセンも基本、コンドームを使用しているはずですけど、オーナーの意識は関係してくるかもしれません。その、ニューハーフのほうが性感染症に関して意識が高いという点、それはなぜなのでしょう？　ゲイの人と何が違う？

「やっぱりみんな、ある意味身体を張っている。トランスすること自体が身体を張っているので、そこはすごく意識的なところで気を使う部分ですよね。健康って」

――なるほど。それ以上、身体に負担を掛けたくない防衛本能が働く感じなんですね。それとよく、風俗嬢を語るときに、スティグマという言葉を耳にしますけど、差別的なことを言われたご経験はありますか？

「お店でお客さんから言われることはないです。早く辞めたほうがいいよ系はありますけど」

――女性のほうは、お客さんに蔑まれることが時々あるようなんです。

「たぶん仕事だと思ってないところがあるのかと思います。職業として認めていない人たちが多い。偏見はやはりありますよね。でもこの仕事って、身ひとつで商売できるので、なくなることは絶対にない。だから、世界アムネスティが言ってますけども、基本的にはセックスワークの非犯罪化をしないといけない。非犯罪化ができていない国はどんどん裏に入っていく。違法にすればするほど、どんどん大変なことになっていくと思います」

1964年の東京五輪開催の際も、性風俗は浄化作戦によりアンダー化していった。2020年の東京五輪時はどうなるのか。

ここでとまとさんに素朴な疑問をぶつけてみた。トランスジェンダーと言えば「MtF（男性から女性へ）」「FtM（女性から男性へ）」となるが、MtFはニューハーフヘルスがあるとして、FtMの場合、働ける性風俗ジャンルがあるのかということ。

「お店として存在しているところはないはずです。ただ、トランス男性もトランス女性（MtF）と同じように就職が難しいところがある。だから経済的に厳しい状況の子はたくさんいます。そしてトランス男性もホルモンの値段などが高い。そういう状況なのでどうするかというと掲示板です。いわゆる援助交際です。掲示板とかに『FtMで、まだまんこあります』みたいな感じで書き込むわけです」

――ん!? その掲示板を見て打診する人って、トランス男性（FtM）が好きということ?

「そうです。だから限りなくゲイに近いノンケの人がお客さんになるわけです」

――ゲイに近いノンケがまんこに入れるというのが即座にどういうことなのか理解でき

ないんですけど、それもフェチですよね。

「そう、フェティッシュですよね」

――では個人で売春している人はいるということですよね。

「神いっきさんの事件、おぼえていますか？　あの人、子供を産みましたよね」

２０１３年10月から２０１４年２月までの間に〝声優のアイコ〟による昏睡強盗事件が都内で相次いだ。彼女の名前は神いっき。生物学的には女性だが性自認は男性のトランスジェンダー（ＦｔＭ）だ。乳房除去手術は受け、ホルモンも使用。ただ、性別適合手術は受けていないので子宮と卵巣はある。２０１７年４月28日に懲役10年（求刑同15年）の実刑判決が出た。判決が出るまでの間に獄中出産した。

――セクシュアリティに関して疎い人であれば、あの一連の事件はどういうことなのかまったくわかりませんよね。

「断言はしませんけど、ウリをしていた可能性も考えられますよね」

――で、妊娠してしまった。そういう見方もできますよね。違うかもしれないけど。

「経済的に苦しくてセックスワークをしていたことは十分に考えられる。推測の域を出ませんけどね。それに、けっこう掲示板では需要がありますよ。ググってみるといろいろと出てきますから」

気になり適当な言葉で検索してみると、性別適合手術費用のためなど、ＦｔＭの援助交際関連の掲示板がたしかにあった。

――ホルモンってそんなに高いんですか？

「トランス女性のホルモンは、過去にお姉さんたちが開拓した病院とかがたくさんあるので情報共有ができていますけど、トランス男性に関しては横のつながりが強くなくて、共有できていない面もある」

――それはなぜなんだろう？　閉鎖的だからとかそういうこと？

「元々ニューハーフは男性客を相手に商売が成立していたおかげで、地方都市でもニューハーフのお店があって、そういうところで働けるし情報交換もなされていた。それがトランス男性になると、お店の数も少ない。ということは情報交換がされないということですから」

同じトランスジェンダーでもこうも抱える事情が変化してくるのだ。しかしＦｔＭライフスタイルマガジンがあったり、ＦｔＭ活動家という方も少なくはない。今後さらに情報発信がなされて環境は整えられていくかもしれない。きっとそうなっていくことだろう。

私、父親の前では化粧もしないし、スカートも穿かないし

　とまとさんの初体験は女性。なので交際してきた女性もいる。性自認は「基本的にバイ」と話す。まさに多様な性を生きている。

――今も女性とエッチはできます？

「はい。女の子とエッチできますよ」

――トランス女性となってから、彼女がいた時期はありましたか？

「彼氏はいましたけど、彼女はいなかったたですね」

――ただ、肉体的な交渉は全然できた？

「はい。うちの相方と付き合うようになってからも、さきほどのソープ嬢とのＳＭプレイですとか、女の子とエッチしていますし」

――トランス女性のなかには、下が付いていることに違和感を抱く人もいると聞きます。

とまとさんはそのようなタイプではない？

「まあ、あるから使おう程度にしか考えていないです」


——あらためてカミングアウトするご予定はないんですよね？

「父親とはこの話をしないことにしているので。私、父親の前では化粧もしないし、スカートも穿かないし」

——お父さまとしては、息子だと思っていらっしゃる？

「どっちつかずですよ」

——そこについて話すわけでもなく。

「父親から娘と呼ばれたい願望もないですしね。80を越えていますから、無理にそれを理解させると、きっと苦痛になるだろうなと。年代的にもそれは無理じゃないですか。一緒に住んでいるわけでもないですしね」

——ニューハーフヘルスで働いていた過去はポジティブに受け止めているほう？

「そうですね。今でもセックスワーク関連のイベントにお呼ばれすることがありますし、たまにアダルト系の女優さんインタビューの仕事ももらえていますので、それは、自分がセックスワークをしていたからでしょうし。ポジティブに受け止めています」

――日本のLGBTというよりトランスジェンダーに限っては、今後、どのようになっていけばいいなと、とまとさんは考えていらっしゃいますか？

「これが面倒くさい話なんですけど、日本って現状でもジェンダー・ギャップ指数が144カ国中111位（2016年。2017年には114位に）で、ものすごく低い。この国は非常に性差別がある国なのです。男性と女性で、性差があまりにもつきすぎちゃっているので、男女という状態で平等になってくれないと、トランスはいつまで経っても変われないのです」

とまとさんは続ける。「大きな性差があることにこの国の人たちは慣れきっていて、それを自分たちで変えられることだとも思っていない」と。

「トランスジェンダーはそもそも男と女の枠組みから外されており、さらに低い地位にいます。男女間の性差が平等に近づくほどトランスジェンダーの地位も底上げされていくはずです」

――まず、女性の地位向上が先だということですよね。

「そうです。女性の地位向上がされていけばいくほど、結果的にトランスのようなジェンダーのマイノリティの人たちも、結果的には状況が良くなっていくはずだと思います」

「帰りに土下座までして『ありがとうございました！』みたいに言ってくれるお客さんがいました（笑）」

11歳でロストバージン、AV女優の〝男の娘〟

「男の娘」という存在。女の子の格好をしたかわいらしい男の子といった説明で合っているだろうか。自信はないが大きく間違ってもいないと思う。女装子と何が違うのかを聞いてみた。

「ニューハーフヘルスにいる女装子は、性自認が男性という方もいれば、MtX（男性からの性別越境者。性自認を男性、女性に決めない）さんもいます。普段はノンケとして生活しているので、ウィッグをかぶって働いている子が大半を占めます。ノンホルノンオペ（ホルモン使用なし、豊胸や性別適合手術もうけていない。ノンオペレーション）ですね。性的指向は、男女。性風俗という仕事上、男性に嫌悪感を抱かない人です。性風俗に従事していない女装子の性的指向は、ごく一部をのぞいて女性です」

ざっくりと語るとニューハーフヘルスにいる女装子とは、こういう人のことを指すらしい。ではニューハーフヘルスにいる男の娘は。

「男の娘の場合も、女装子と大きく変わりません。自分から男の娘と名乗る方のほとんどは、性自認が男性です。好きな人（性的指向）は、女性という方もいれば、男性という方もいます。男女、という子も少なくないです」

彼の名を荒金《あらがね》さとみさんという。これは本名である。3年まえに男性名から改名をした。改名した理由は、学生時代から性同一性障害だと思い、女性になるべく性別適合手術も受けるつもりでいたからだ。しかし、改名しただけで手術するのは止めた。その理由はのちほど書く。わかりやすく説明すると元MtFになる。現在の性自認は男性。2017年6月に「男の娘」としてAVデビューも果たしている。男の娘でAVというと、文春にホリエモンとのツーショットをスクープされた大島薫さんが有名であるが、荒金さんも同じポジションにいると言えよう。

と、荒金さんの紹介、およびここまでの内容が複雑すぎて、混乱している人もいること思う。書いている私自身も把握するので精一杯なのでなおさらであろう。しかしその把握しきれなさはそのままにしておいていいと思う。性は人によって揺らぎ続ける、ということだけを頭に入れておいていただければ。

「女の人と（セックスを）したことはありませんが、してみたい気持ちはあります。風俗へ行ってみようと考えることもあります。男も好きですよ。好きじゃなかったらこういう仕事はできないので。恋愛対象もエッチの対象も、女性でもいいと思うし、男性でもいいと思う。女性には女性の良さがあり、男性には男性の良さがあると思うので」

お客さんには、小学校の先生などもいて、学校で生徒の水着姿を見てドキドキされている

彼の人生にふれるまえに「男の娘」という言葉の出現にふれてみたい。２００９年５月に『オトコノコ倶楽部』（三和出版）という専門誌が創刊され、同時期、秋葉原に女装メイドがサービスするというコンセプトの『男の娘カフェ＆バーＮＥＷＴＹＰＥ』がオープンした。女装子と男の娘は連動しており、以前からの女装イベントに、この〝男

の娘〟という単語が入ったイベントが2010年頃から出現してくる。雑誌だけで見れば、2011年、2012年に男の娘を取り上げた記事が多く、2014年に大島薫さんが男の娘系AV女優としてデビュー、男の娘のライフヒストリー『「男の娘」たち』（川本直）が発売されたこともあり、この頃も記事化されることが多かった。現在、性風俗とAV業界で男の娘ブームは続いているように見えるが、専門誌に限っては『オトコノコ時代』（元『オトコノコ倶楽部』）のみで、『わぁい！』『おと☆娘』は休刊している。女装子と比較すると男の娘という言葉の歴史はまだまだ浅いが、女装子を凌駕する勢いが一時期あったのは事実だ。それが今後も継続されるのかはわからない。ちなみに陰間茶屋をコンセプトとしたMtFのスタッフがいるバーが2011年、2013年にオープンするが、どちらも現在は閉店。2006年から始まった日本最大の女装イベント「プロパガンダ」も2016年3月に終了している。

この男の娘、読んで字のごとしで、性風俗で男の娘を名乗るときは、年齢という壁が待ち受けている。

――見た目は女の子。でも、身体は少年ぽさが残る身体。それが男の娘ということで合っていますか？

「お客さんからは少年愛という言葉を聞くことがあります」

——となると、お客さんの気持ちとしては、男として少年を愛でたいということ？　ゲイ的なことなのでしょうか？

「ゲイとは違うとおっしゃいますね。ゲイとなると、短髪で男らしさを感じさせますけど、男の娘が好きな方はそれを求めていません。中学生ぐらいの幼さが残る少年が女装している。そういう少年とプレイするのが楽しい、そんな感じだと思います」

——では年を取った男の娘はいろいろと厳しいということですよね？

「そうですね。少年愛、ショタ（ショタコン）、それに近いと思います。だから僕が今働いている男の娘の店では（現在、彼が勤務している店は男の娘が7割を占める）、20代しかいません。採用枠も30歳までと決まっていまして」

——うわ、厳しい。じゃあ、熟した男の娘はもはや採用されない。

「熟しているのと、あとひげが生えていても駄目でして」

お客さんは男の娘に少年愛的なものを求めているそうなのである（ただし、幼女・少女が好きなロリコン気味の人もそれなりにいるとのこと）。男の娘とプレイすることによって少年愛の性的欲求が解消され、日常生活に支障をきたすことなく過ごすことができるようなのだ。少年愛もロリコンも現実で実践をすれば罪にしかならないので、男の娘というジャンルの性風俗が、そういった性癖を持つ人たちの受け皿になっている側面があると言えよう。

「お客さんには、小学校の先生などもいて、学校で生徒の水着姿を見てドキドキされている方もいるんです。そういう方はそのムラムラをもちろん我慢しているわけです。そしてお店に来られるんですけど、そうしたお客さんの願望をかなえてあげられる重要な仕事だと思っています」

——なるほどねぇ。その先生という人は、じっさいどういうプレイをされていくんですか？

「さとみんの場合だとスク水（スクール水着）プレイとか。スク水を着ながらフェラしたりエッチしたり。最近来た方は、少年愛ではなくロリコンでしたね」

——少年愛やロリコンの人には、男の娘ヘルスの存在を知ってもらいたいですね。

「そうですね。お客さんに合わせてそういった願望をかなえていくことがだんだんと楽しくなってきました」

——そうこうしているうちに仕事にやりがいを感じるように？

「はい。そうですね。特殊な性癖を持った人を含め、いろいろな夢をかなえてあげられたらなと思っています」

L字型のカラオケボックスに2人。まずは仕事に就くまでのおおまかな来し方を聞くべく質問を始めたのだ。こういった生き方に関わる取材には、ときおり、レコーダーを回し始めてわずか数分のうちに突拍子もない人生を送って来た人、というのが定期的に現れる。彼もまさにそうだった。話し始めて3分もしないうちに出てきたのは、東京で生を受け、父親の存在を知らずにひとり親（母子）家庭でひとりっ子で育った。小6のときに母親が胃がんのため入院。よって突然の施設暮らし。間もなくして母親は亡くなり、遠く九州にいた母親の兄弟（叔父）が彼を引き取りに来て九州へ連れていかれる。しかしカルト宗教の信者であった叔父の家で虐待にあい、引き取られた約1年後には児童相談所へ。そこから再び施設生活へと戻った、という内容だ。わずか1年ちょっとで激動の人生を送ることになった。まったく笑える内容ではないのに、途中から、あはは……と力ない声で笑いながら質問している私。どうにもこうにも笑ってやり過ごすしかない取材というのが、ごく稀にある。笑うしかできないのだ。

——お母さんの思い出も10歳くらいまでしかないということですよね？

「はい。そうです。小さい頃は本当にやんちゃ坊主でした。お母さんはすごい優しい方でして」

肉親に〝方〟をつける。わずかな違和感。記憶の彼方にいる人、という感じなのだろうか。

——お母さんのお墓は？

「それが、叔父さんの宗教関係で、どこに葬ったのかわからない状態で。火葬場で骨は拾わせてもらったんですけど、形見というのは印鑑ぐらいで」

形見が印鑑だけ。予想外のものが形見で、一瞬、啞然。

——その頃は普通に男の子として生活していたのでしょうか？　性への目覚めがあったとかそういう思い出はありますか？

「小学6年まではふつうにガキでした。男女と遊んでいたし、女装したい気持ちも特になくて。ただ、髪の毛を伸ばしたい気持ちはありました。中学生のときには女の子になりたいというより、女の子の格好にすごく憧れました。学ランとセーラー服だったらセーラー服のほうを着てみたいなって」

――女性と交際されたことは？

「中学１年のときに同級生の女子と付き合ったことがあります。肉体関係はありません」

――これまでの人生で、女性とセックスした経験はあるのでしょうか？　って、ズケズケと聞いてしまってすみません。

「ないです。その中１以来、女子と恋愛は全然していなくて」

――ということは、男子とはあった？

「男子とは、やって終わりのセフレ関係ばっかりです」

――それは掲示板や出会い系で知り合い、関係を持ったということ？

「いえ。当時はインターネットもさかんではなかったので。施設と、高校に入ってからは寮に入りまして、施設でも寮でもそういうことが起こっちゃいまして」


文末に多い「まして」。彼の話し方の特徴だ。

私にはゲイの友人知人が多いが、同性愛への目覚めのきっかけが高校時の寮生活という人が数人いる。寮で男子生徒にアナルを犯されたり、口に性器を含ませられたり（ソフトな表現をしています）したそうだ。どれも犯したほうの男子生徒はその後女性と交際し、結婚している。見るからにノンケが犯してきたという共通点がある。そして犯されたほうは、線が細く、身長も高くなく、色白という共通点が。ここまで来て男色に明るい方なら「稚児」という言葉が浮かんできたことだろう。平安時代に、女性と交わることが禁じられていた僧侶は、稚児（12歳〜16歳くらいの少年）を性愛の対象にしていた。稚児は長い黒髪に白粉をはたき、外見的にも肉体的にも限りなく女性に近かった。男子生徒ばかりの寮生活と、女人禁制の寺院生活は、女性の存在を排除している点が同じである。そうなると、見た目が女性に近い男性が性衝動の対象になってしまうのは昔も今も変わらないようだ。しかしそれが伝統であり文化であった寺院と、現代一般社会では、話が違ってくる。一緒にしてはいけない。明らかに問題である。

彼の初体験は施設へ入って間もなくの小6、11歳のときだった。

——それは施設に一緒にいた男の子？　それとも施設の職員からですか？

「施設に一緒にいた同級生や先輩です。さわられるぐらいはもう普通のこと。自分だけでなくほかの子も犠牲になっていました。男性・女性を厳格に分けてしまうと、その中で見た目が女性に近い感じの子を犯してしまう、そういうことが起きるんです。刑務所でもそういうことが起きています。それが施設の中でも頻繁に起きてまして」

　彼がいた施設は男女を分けていたそうなのである。

――もしかしたら犯されていた女の子もいそうですよね？

「女子に手を出しちゃうような男子もいて、すごく問題になっていました。そういうことがあったから、男子と女子を棟ごとで厳格に分けちゃった。だから女子とできない状態になる」

――そこで悶々としちゃうと。思春期の子が。

「そう。それでたぶん男性に目が向いちゃうんです。男性同士のエッチという。毎日のようにありました」

――えぇ！　毎日！　怖い！　施設に来たときに、ちょっとあいつ色白で華奢な体形してるな、みたいな。でもそれって、先生、気づかないんですか？

「先生もたぶん見て見ぬふりをしているんだと思いますね。1時間に1回ぐらいは懐中電灯で見回りをするんです。先生がいなくなったあとに、エッチしたい子がほかの部屋から来る」

――アナルの体験が小6。

「はい。相手は同級生でした」

――ええっ！　小6でアナルに挿入という知識があるんですね。そういう情報をどこから仕入れるんだろう。

「たぶん性欲が強かったんだと思います。結局、施設と寮で3回変わりましたけど、3回ともそういう経験をしちゃっていて」

――えーっ！　3回とも？　失礼な言い方ですけど、行く先々でそういう人が待っているんですね。その人たちってゲイなの？

「普通にノンケですね。特に性癖を持っているわけでもないんですけど」

――じゃあ本当に、こいつ女っぽいからやっちゃおう、みたいな感じ？

「そうですね」

11歳でロストバージン（アナル）をした彼は、性愛の対象が〝男性でも可〟と、少しずつ目覚めていったそうだ。

「きっかけはそれですね」

児童福祉施設で暮らす子供たちの性被害と性加害が以前から問題となっているが、この原稿の校正中に厚生労働省が実態調査する方針を決めたので追記する。彼の話からもわかるように、大人⇕子供間だけでなく、子供⇕子供間の被害がじっさいに起きているのだ。

男性との肉体関係は激しかったが、というか、巻き込まれた意味での激しさだったが、恋愛関係には発展しなかった。これまでの人生で男女ともに交際した人はいない。

高校卒業後は、デンジャラスすぎる寮を出て、九州の一般企業に就職した。その後２００８年のリーマンショックの影響で解雇され、上京。ＡＶのプロダクションでＨＰの管理をするように。そこを１年で退職し、再び九州に戻る。最初に就職した会社の同僚がデリヘルを立ち上げることになり、裏方のスタッフとして２年勤務する。しかし18歳以下を働かせていたことでそのデリヘル店は摘発される。そして「一般職に戻ろうと思って」製造業へ。ここで６年ほど働き、その間、性同一性障害だと悩み始め、改名をした。

自殺するために睡眠薬を買うぐらいなら、女性ホルモンを試してみようかなって（笑）

名前を検索すれば彼の外見を知ることができるので細かく説明はしないが、彼は、170センチくらいの身長に、黒髪のボブ、全体的にほっそりとした外見だ。取材当日は、厚底のラバーソールを履き、ニーハイソックス、ショートパンツ、上着はモスグリーンのシャツというカジュアルないで立ちで現れた。声は男性特有の低さはあまり感じられず、やや甲高い（メラニー法という発声法をしているそう）。全体の雰囲気としては、肉体のフォルムを含めて、生々しい女らしさよりも、少女性を感じさせるあどけなさがあった。性風俗業界での男の娘は、彼の言葉の通り、幼さ若さがないと職業として成立しないので、彼の姿はあるべき男の娘像とも言える。話しかけるとどこかそわそわしてしまうところ、それが時おり挙動不審にも見えてしまうのだが（ごめんなさい！）、自己主張をしない受動的なふるまいが幼さを際立たせ、そこが男性客の劣情を煽るのかもしれないと思った。そしていざプレイが始まると大人の淫乱さが出て、そのギャップにさらに客が欲情するのかも……と、これは勝手に私が思ったこと。

　さて改名の続きだ。改名のあたりで性同一性障害の話が彼から出てきて、彼はおもむろにスマホ画面を私に差しだした。そこには何の手入れもされていない、当時20代前半の男性としての彼が映っていた。しかし年齢を言われなければ40代にも見えてしまう。それぐらい若さが削がれた外見だった。次は4年後の彼の姿が。それを目にしたとき、一瞬で覚醒するくらいに驚いた。肌のトーンは明るく白く輝き、それに映える艶やかな黒髪のショートカット。若返った女性の姿がそこにあった。ビフォーアフターで見た目の性別が変わり、時の流れに逆行した若返り加減にひどく驚いた。例によってそれをそのまま口にしてしまった。

——おっさんというか、こちらは若さがないですよね。全然若さに満ち溢れてない（笑）。でもこちらはとても若くてかわいらしい。

「このときはとんでもなくやばいぐらい、おっさんだったんです。若さがないぐらい老けてた」

——すごい変わりましたよね。何かあったんですか？

「そうです。性同一性障害と思い始めて、化粧を始め、ホルモンも使い始めました」

——会社勤めをしていて、普通に女子になりたいな、みたいな感じに？

「一時期そうなりました」

――内面から湧き立つように変化を求めてきた？

「そうですね。鏡を見たときに身体醜形障害といいますか、自分の顔が老けて見える、障害寄りの性同一性障害ですね」

――障害寄りの性同一性障害。そういうのもあるんですね。

「身体醜形障害って、鏡を見たときに体の一部が醜く見えるんです。あまりにも老けていて、これはやばいと思って」

――やばいと思ってそれで女子になりたいと？

「はい。鏡を見たときにほうれい線もすごくて、もう人生終わりだなと思ったんです」

――女の子になれば改善されるという思考回路になった？

「そうですね。そのとき自殺まで考えていました。それでハルシオンをネットで探していたら、ハルシオンと一緒のページに、女性ホルモンが売ってありまして、たまたま手を出してしまいまして」

――勢いでこれ買っちゃえ、みたいな？

「自殺するために睡眠薬を買うぐらいなら、女性ホルモンを試してみようかなって（笑）」

――死ぬ前に1回くらい飲んでみようかなと。それで飲んで、もう死ぬのをやめた？

「飲んで1カ月ぐらいで変わり始めたんです」

――使い始めて目に見えていろいろと変化したということ？

「はい。肌の調子などが以前とは違ってきました。つるつるというか、血管も浮き出ない、みたいな感じになった。それで研究して、いっぱい飲んでも、飲んだ分だけ効果が出るわけではないんだとか試行錯誤していきました」

――どんどん見た目が変わっていった。

「どんどん変わりましたね」

――そうしたら面白くなってきた。こんな変わるんだ、と？

「そうですね」

――自殺を考えていたときにホルモンを飲んだら若返り、それから性同一性障害だと思い、戸籍も変えたいなと思い始めた？

「そうですね。最初はそう思っていました」

――名前を変えたのはいつ頃なのでしょう？

「2014年です」

見た目の若返りに成功し、女性ホルモンや複数の薬について熱心に勉強し、自分の理想に近づいていった。そしてまず改名をした。次に胸を大きくしたり男性器を切除したりと女性として生きるために性別適合手術（SRS）を受けるつもりでいた。特に男性器への嫌悪感が強く、性同一性障害と診断もされていた。

「僕が性別違和を患っていた頃、男性であることが悔しくて、成り行き任せでSRSを望んでいました。そういう当事者は多いと思います」

しかし手術を断念。その理由とは。

「全部脱毛したら、どうでも良くなっちゃった(笑)。毛が生えているのが嫌なだけだった。アソコの毛全体を永久脱毛してから、まったく違和感がなくなりました」

説明すると、ある日手に取った脱毛器で陰毛を剃り落としたら、男性器への嫌悪感がなくなってしまったそうなのだ。陰毛という意外なものが彼の今後の人生を決定的にさせた。手術はせずに男性の肉体で女装をしていくことに。揺らぎ続けたセクシュアリティは、男性というところに着地した。

「男に生まれながら女装することで生きがいにつなげていけたらと思うんです。自分も女性になりたかった時期はありましたが、ただ、女性になったところでこの先何があるのだろうと思ってしまったんです」

それはセクシュアリティに関する疑問というよりも、生き方に関する疑問だったそうだ。個性のない会社の制服と生活から、一歩踏み出すための女装でもあった。

「帽子と無塵服で、顔も隠れる状態で12時間労働して、生きている意味がないと思って。どんなに会社で頑張っても名前すら残らない。そんなのおかしいんじゃないのかと思い始めたんです。手術を受けてもその生活は変わらないわけですから。ある日仕事終わりにコンビニへ立ち寄って、店内の成人向けの雑誌コーナーを通ったとき、うわぁ、なんでこの人たち、こんなにもてはやされてるの？『エロ本なのに、なぜこの人たちは、こんなにも輝いてみえるのだろう……。うらやましいな』って思った」

——それは女性になったとしても自分を活かせないことへの反発だったのでしょうか？

「女性名に改名した時点で、会社の人は自分のことを元男性の女性として知っているわけで、あえて身体を女性にしたところで、『人生、何が変わるんだ？』という疑問を抱くようになった。すでに男性器への嫌悪感がなくなっていたことが大きかったですね。そんなときにネット上で男の娘が活躍しているのを見て、『この人たちは自分を確立して生きている』と思い、僕も自分の裸を見てほしいなと」

――せっかくきれいになったんだしという感じ？

「という気持ちで、セルフグラビアといいますか、フェイスブックとかで自分の体を撮ってアップしたら、ものすごく反響がありまして。それから目覚めちゃったんです」

――その反響に魅力を感じた。自分の裸を見て「すごくきれいだ」と言ってもらえたらうれしいですよね。満たされるものが大きい。もともと髪を長くしたい等の願望もあったので、うまくハマったと。そこからセルフで撮り続け、もっと裸を見てほしいと思うようになり、ＡＶに出た？

「そうですね。作品として残したいという気持ちでＡＶに出ました」

自己主張するタイプには見えなかったので、ここまで明確に言葉にするほどだから、当時は生き方に強い疑問を抱いていたに違いない。

彼はＡＶデビューが決定したとき「みんなの性的対象になれるんだ」と喜んだそうなのである。その真意がわかりかね質問した。

「撮影が決まったときはすごくうれしかったです。やっと形に残せてみんなが買ってくれるんだ、みんなの性的対象になれるんだ、みたいな」

――性的対象になりたかった？

「そうですね。なりたかったですね」

――いわゆるセックスシンボルみたいなものですよね。性的対象になりたいという人、あまり多くないと思うのですが、それはどういう心境からなのでしょう？

「これは性同一性障害の方からするとたぶんわかりやすいと思います。性同一性障害の当事者って、たとえばＭｔＦだと、男性の体で生まれてきて女性になれたとしても、恋愛対象である男性に『付き合ってください』と告白して、元男であることを理由に拒否されることもあるじゃないですか。それは本人的にものすごく悔しいわけです。でも、ＡＶに出ていろんな方に見てもらうことは、イコール、性的対象になれるということ。叶えられない恋愛なんですけど。でも、それが生きがいになるというか」

　自分の望む性になっても自分の望む人の恋愛対象になれるわけではけしてない。でも、ＡＶに出れば、自分を望んでくれるユーザーが欲情してくれる。現実生活でかなえられない部分をＡＶを通して補完することができる、ということのようだ。求められる快感がＡＶという世界にあるのだ。

――完成作品をご覧になっていかがでした？　ばっちり？　100点ぐらいでした？

「80点ぐらいじゃないかな」

――けっこう高得点ですね。

「やっぱり演技しきれていなくて、感じている顔がものすごく恥ずかしかったので（笑）。うわ、男だ、みたいな」

男の娘やニューハーフのAVは、単体女優、企画単体（キカタン）、企画モノではなく、専属、企画単体で分かれているそうだ。彼はキカタンらしい。このあとギャラを聞いたのだが、AV女優の企画モノに少しプラスされた感じの額だった。けして高くはなく、むしろ安い。それでも出ることに意味がある。彼はとにかくAV出演という夢をかなえた。

ニューハーフヘルスにはなぜか公務員ばっかり来るんですよね

2016年の9月に会社を退職し、上京。AV出演の話は決まっていたがニューハーフデリヘルでも働き始めた。男の娘は彼だけで、ほかはニューハーフというお店だった。

「AV女優になりたくて会社を辞めましたけど、AVだけでは食べていけないので、最初は軽い気持ちでニューハーフヘルスを始めました。じっさいに始めてみると、お客さんと接することが好きになっていって」

しかしそこは営業不振から閉店。彼は現在、男の娘が7割を占めるお店で働いている。平均して週5出勤、1日の労働時間約10時間。平均日給約4万円前後で月収約80万円〜多いときで100万円弱になるそうだ。彼はAV嬢でもあるので売れっ子のポジションにいるはずだ。となると、ニューハーフヘルスで月収約80万円〜100万円前後がフルタイムで働く人気嬢の稼ぎと解釈しても良さそうだ。額面だけ見ればうらやましい収入かもしれないが、プレイ内容を含め、じっさいのところどうなのだろうか。妥当なのかそうでないのか。

——ニューハーフヘルスって基本プレイはあるんですか？

「あります。基本プレイになりますと、キス、ディープキス、そしてAF（アナルファック）、逆AF、フェラ。あと、全身リップ（全身を舐めるプレイ）」

——プレイ時間は？

「大体は90分からです。60分からという店はめったにないです」

――男の娘という単語が出てきておそらく10年も経っていないないですよね。でも男の娘の専門店に近いお店がある。それだけ男の娘に需要があるということですよね。人気の理由はどういうところにあるんだろう?

「やっぱりあそこが勃つかどうかが一番重要だと、お店やお客さんからも聞いていていまして。女性ホルモンを使って勃たなかったら意味がないんです。使っていると勃ちが悪いんです」

――ギンギンに勃たないということ。ふにゃちん?

「(女性ホルモンを)使っていても勃つ方はいますけど、ふにゃちんが多いです。あと胸に関しても、(シリコンを)入れていない、自然なほうがいいというお客さんが多いです。だから少年愛なのかなと」

――身体が少年っぽくて、顔も中性的で、でもちんこは立派、みたいな。ギンギンに立つちんこ。そのアンバランスな見た目に欲情すると。

「それを求めて来られていています」

世の中には自分の知らない世界が、本当に本当に、まだまだたくさんある。

——どういう理由で皆さん働き始めていますか？　同僚とはそういった込み入った話はあまりしない？　生活費のためとか、手術費とか。

「前のお店は自分以外ニューハーフの方しかいないお店で、手術費用を貯めたい、あと、ホストクラブでシャンパンタワーをしちゃって借金をしてしまったとか、とんでもないことになっている方がほとんどでした」

——ホストクラブで散財するのは、セクシュアリティ問わず、セックスワーカーなんだ。手術費用という人がやはりいるんですね。

「そうですね。女性の体になりたいと。ここまではニューハーフの話です。男の娘になると、お小遣い稼ぎ。女装をもっと楽しみたいから服を買いたい、永久脱毛をしたいとか」

——自分の外見にお金を使いたいので、その資金稼ぎということですね。本業を持っている人が多いですか？

「本業を持っている子もいます。普段は会社員で、土日のみ出勤という方も。ほぼ毎日出勤の専業に近い方もいます」

——切実な人はいない？　明日食うものにも困って、みたいな人。

「いることはいます。普通の企業で雇ってもらえないという人がたまに来ます。その場合、ニューハーフの子がほとんどです」

　ＬＧＢＴのなかでＬＧＢまではカミングアウトでもされない限りセクシュアリティを目視することはできない。一般社会に埋没しているということになる。しかしＴに関しては、声質や骨格で１００％埋没しきれないことがある。そもそも戸籍変更は性別適合手術が条件のため、未手術の肉体では戸籍変更が不可。よって、見た目が女性（もしくは男性であっても）、戸籍は男性（もしくは女性）という状況になってしまう。理解できないもの目立つものに人は敏感になる。関わりを避ける。さらにひどくなると排除する。人によっては腫れものにさわるかのような接し方になる。それは差別の発露になりうる。Ｔには LＧＢよりも、より高い壁が存在するのだ。性的マイノリティの働きやすい職場づくりを支援しているＮＰＯ法人虹色ダイバーシティの『ＬＧＢＴと職場環境に関するアンケート調査２０１６』によると（回答者２２９８人）、Ｔの非正規雇用は４人に１人の割合とＬＧＢ（ほか）よりも高く、求職時の困難を感じた人はＬＧＢ（ほか）44％に対して、Ｔは70％となっている。トランスジェンダーの就職に困難が伴うことが明らかになっている（©Nijiiro Diversity, Center for Gender Studies at ICU 2016）。

――好きなお客さんはどういう人？

「僕に興味を持って来てくださる方。ネットで荒金さとみを調べ、興味を持ち、差し入れまで持ってきてくれる人もいます。『今日をすごく楽しみにしていたよ』みたいな。優しいお客さんが好きです」

――嫌いなお客さんは？

「女性の風俗ではよくあることですけど、お酒を飲んで来て、適当にフリーで入って、さっさとやってよ、みたいなマグロ系です」

――会話もあまりしないで、話しかけても反応が悪いという人ですね。それは勢いでニューハーフヘルスへ行ってみようぜ、みたいな方なのでしょうか。

「はい、そういう方がごくたまに来られます。ほとんどは優しいお客さんばかりですけど」

――たまに嫌な人も来るけど、ほとんどがいいお客さん。風俗嬢の場合だと、お客さんから「なんでこんな仕事してるの？」とか、「早く辞めたほうがいいよ」と言われることがあるそうです。そういうことは言われます？

「いいえ、全然言われないです。『どうしてこの仕事始めたの？』は言われることがありますけど」

――そのとき、なんておこたえしています？

「『AV女優になりたくて会社を辞めたんですよ』って」

――お客さん、それを聞いてびっくりしませんか？　え？　どういうこと？　って。

「『AV女優は若いうちにしかできないから挑戦したいじゃないですか。若いうちに作品を残したい』みたいなことを言います。そうすると『えー、すごいな』みたいな」

――その「すごいな」とはどういう意味なのでしょう。

「自分のために作品を残して、自分の好きなことをして生きている、そういうことだと思います」

――「風俗、早く辞めたほうがいいよ」とは言われない？

「言われないです」

――なぜ風俗嬢は言われるんだろう。

「たぶんそれって源氏名をつけているからじゃないですかね。お金のためだけにこの子は風俗をしているんだなとお客さんに思われているのかも」

――荒金さんは本名で働いているから本気度が違うということ？

「本気度というか、この子は好きでやっているんだなというのがお客さんに伝わっていると思うんです」

――風俗嬢でも好きでやっている人がいますけど、そうすると男性に限らず、「風俗を好きでやっているのはおかしいよね？」みたいなことを言われるんです。それはなぜなのかなと思っていて。

「女性の場合はたぶん言われると思います」

――その理由は？

「水商売にも偏見がありますけど、風俗にも偏見はありますよね」

――水商売や風俗は蔑まれるけど、ニューハーフヘルスは蔑まれないということ？

「ニューハーフヘルスにはなぜか公務員ばっかり来るんですよね。公務員とか社会保険労務士とか、お堅い仕事をされていて、性癖で困っている方ばかりが来られるんです」

――お堅い仕事をしている人は性癖で困っている？　ということ？（笑）　面白い。

「性癖で困られていて、女性の風俗へ行ってみたけど満足できなかった。私の場合、帰りに土下座までして『ありがとうございました！』みたいに言ってくれるお客さんがいました（笑）」

——この僕の抑えられない衝動を解消してくれてありがとう、と？

「そうですね。そういう方ばかりです。『中性的な人が好きです』と、お名刺を置いていかれる方もいますよ。『若い部下に手を出しちゃいそう』とかおっしゃる会社の社長さんもいます」

——エロ社長？（笑）

「エロ社長が来ますね（笑）。男の娘が好きみたいで」

——ニューハーフヘルスって特殊なのかな。今回ウリセンボーイにも取材したんですけど、ウリセンボーイもお客さんに「早く辞めたほうがいいよ」と言われるようなんです。

「ウリセンですら（笑）」

——その上を行くのがやはり風俗嬢で、風俗嬢の場合は、かなり言われるみたいです。でもニューハーフヘルスはないんだ……。

「ニューハーフヘルスはかなり特殊だと思いますね。私のフェイスブックのコメントを見ていただくとだいたいおわかりになると思うんですけれど」

そこで彼は自分のフェイスブックを私に見せてくれた。彼のきわどいセクシーショットが連なり、そこには実名で男性たちが「さとみさんと本番やりたいです」「早く会いたい」「何度も抜いちゃう」と、欲望丸出しのコメントをしていた。女性のようでそうでない身体にあどけなさが残る表情。そして男性器つき。アンバランスさと倒錯感に欲望を刺激される人たちは、むしろ、自分の性癖にこたえてくれるセックスワーカーにへりくだる傾向があるのかもしれない。土下座で感謝の気持ちを表すほどに。同じセックスワークなのに、ユーザーの属性で、セックスワーカーへの態度がこうも変わってくるのだ。

——やっぱりうれしいですよね、こんなふうに言ってもらえると。

「うれしいですね。地下アイドルに近いような感じです」

今の活動を通して、世の中の誰かを変えていけたらと考えています

——この仕事は当分続ける予定ということですよね。

「そうですね」

――今後、具体的にどのような夢がありますか？　将来の夢。

「将来の夢としては、テレビ、芸能は除いています。タレントとしてもてはやされたい気持ちはなくて、自分を通して何か変えていけたらなと」

――何か変えていきたい？

「AVに本名で出たのもそうですけれど、自分を通して、性別適合手術をしなくても悩みが改善できる方法があるよということを伝えていけたらと思っています」

先にも書いたが、現状の性同一性障害特例法は性別適合手術（SRS）を受け、裁判で認められれば戸籍上の性別表記が変更可能になる。彼は、戸籍を変える目的のために、手術が手段となっているそこに疑問を感じている。

「戸籍上の性別を変えるためにSRSを受けるのは間違っていると個人的に感じます。鏡を見て性器に違和感を持つ方のみ、SRSを受けたほうが良いと自分は思っているので」

――恋人が欲しいなとかは？

「欲しいなという気持ちはありますけど、でも、今はつくるべきじゃないというか」

――いろいろと活動が制限されちゃう？

「そうですね。今つくっちゃうと、世の中を変えていくまではできないと思うので。今の活動を通して、世の中の誰かを変えていけたらと考えています」

――男の娘の業界で名前を残したいということですよね。大島薫さんみたいな感じ？

「大島薫さんも誰かにヒントを与えたい、という感じのことを言っていました。『大切なのは僕が正しく理解されることではなく、僕を見て、誰かが何かを考えるというプロセスです』と言っていた気がします」

――荒金さんは具体的に、男の娘や性同一性障害の人のために活動していきたい？

「ターゲットはすべての人です。例えばお客さんで、会社の社長さんが来て、プレイに満足されて帰っていく。その方の会社に、見た目が女性らしい性同一性障害の人が面接に来たとする。そのときにその人を採用するかどうかはその企業の物差しで決まってしまうんです。その企業が偏見を持っていたら、受け入れない。でも、ニューハーフヘルスでしっかりとした接客を社長さんが受けることで、社長さんの意識も少し変わると思うんです」

――社長さんから偏見が取り払われていけば企業が変わると。そういう草の根運動か。かなり地道ではありますよね。

「そうですね。地道ではあるんですけど」

草の根運動ではあっても、続けていれば知らぬ間にうしろに道ができている。そこに信念があればそれはいつか実を結ぶ。と、個人的には思っている。

空腹だったこともあって、チーズソースがかかったたこ焼きとフライドチキンをオーダーしたのだ。そのチーズソースのたこ焼きは解凍があまかったのか、冷えたものが出てきた。せっかくだから温かいほうのフライドチキンを食べればいいのに、彼はずっと冷えたたこ焼きを食べていた。「おいしい」と言ってはいたが、私は到底そう思えずひとつだけ口にした。彼は食べやすいサイズだったこともあってか、冷えたたこ焼きを食べ続けていた。

――AVもニューハーフヘルスも続けられる限りやっていきたい？

「そうですね。もう少し余裕があれば執筆もしていきたいなと思っていますけど、今、これ（ヘルス）ばっかりになっています」

――今のうちはいろいろと知識や経験やお金をためて、そのあとに本を出すほうがいいと思いますよ。執筆業なんて、本当、お金にならないから（笑）。

天涯孤独な彼。唯一と言っていい肉親だった母親の墓地も遺骨の行方もわからずじまい。形見は印鑑だけ。結婚願望も今はない。

「以前は結婚願望もありましたけど、結婚がすべてではないので。家族愛みたいなものもわかることはわかるんですよ。よくホームステイに行っていて、たしかに家族っていいなと思いましたから。ただ、自分でつくろうとまでは思わないんです。割り切るというう表現はおかしいかもしれないけど、ファンの方が応援してくれるから、孤独感はありません。家族というか、実家がないからこそ好きなことができるのかなと思うときもあるので」

――親類縁者がいないから顔バレのリスクもない。本当に自分の好きなことができるということですよね。

「そうですね。だからこそこういうのに目覚めたんだろうなと考えるときもあります」

――親類がいたら目覚めなかった？

「いたら気を使ってちょっとは控えていたかもしれないし、人生、全然違っていたと思います」

本名、荒金さとみ。主語は僕、時おり、さとみん。男性と女性の狭間を自由に行き来する男の娘だ。自殺志願者だった過去から一転、オリジナルの生き方を見出し、実践している。そして根強いファンを獲得した。求め、求められ、彼は声援にこたえることの悦びを感じている。

と、ここまで書いていて突如〝フードル〟という言葉が思い浮かんだ。ＡＶアイドルでもあり、彼はフードルでもあるのだ。

今、彼は、自分の手でつかんだ充実した毎日を送っている。

「自分が大手を振って、このスタイルで生きられる環境を自らつくっていかないと駄目だと思ったんです」

大手企業を辞め46歳で突然デビューしたヘルス嬢［54歳］

1983年にニューハーフヘルスが東京に誕生して以来、2017年の現在まで、数は多くないもののニューハーフヘルスは雑誌で記事化されてきた。女性の社会進出とともに男性化が進み、強くなった女性たちに疲れてしまった男性たちの行き着く先が究極の女らしさをまとったニューハーフがいるヘルスで、そこには男のツボを熟知した美形が揃っており、その〝禁断〟の場所はいつの時代も「最先端風俗」として紹介されてきた。ここ30年以上、その時代の特徴をわずかに反映させてはいるが、ほぼ同じ内容で書かれている。つまり大きく変化していないということになる。下半身はパンツ、上半身は女性ホルモンでふくらんだ胸、もしくは手術で豊かになった胸をあらわにし、ほほ笑む女性たちの姿がたびたび登場している。営業年齢の可能性も否めないが、下は19歳から上は27歳ぐらいまでがニューハーフヘルス嬢の旬のようだ。そして２０１７年の現在、性風俗の熟女ブームも落ちつき、ジャンルとして定着した感もあるが、その余波はニューハーフヘルス業界までは来ていない。と、明言したいところだが、今回は54歳のニューハーフヘルス嬢のご登場となる。彼女のＨＰを目にしたとき、髪の生え際の白髪から毛先の黒髪までが美しいグラデーション、それをカールした髪型、上品な佇まいとほのかな色気に、お会いしてみたいという気持ちに駆られたのだ。無理してないその感じ、なのに余りある色気、そこにそそられた。

「女将みたいな感じですよね（笑）。白髪は、いつもお世話になっている美容院と私の空いている時間がなかなか合わないんですよね。それでついつい。顔はまったくいじってないです」

地方の駅で待ち合わせをし、私の前に現れたのは、白地に青の花びらが散りばめられたフェミニンなワンピースを着た女性だった。身長はすらりと高く、無駄な贅肉はない。どこか恥じらいを持ちながらこちらへやってくる姿は、熟女の艶っぽさよりも、可憐さを思わせた。そして取材早々、思わず心配になってしまうほどの声量。２つ準備したＩ

Cレコーダーの1つを彼女のほうにぐっと近づけた。「特に声の調子が悪いとかではないですよね？」と毎度のことながら思慮が不足した物言いの私。「自分としては大きな声を出しているつもりでいるのですが」と年下の私に礼儀正しく返事をする彼女。終始敬語を崩さず、か細い声で話す。46歳のときにニューハーフヘルスを始めるまでは男性として生きてきた。勤めていたのは誰もが知る大手電機メーカー。

「その会社には8年ぐらいいましたが、自由な気風だったので入社した時点で髪を伸ばし始め、服も男性ものは捨て、全部レディースもので揃えました。スカートは穿きませんでしたけど、ユニセックスな感じで。女性ホルモンは途中から飲み始めていました」

身長は高くとも威圧感のようなものは一切感じない。そしてこの静かな声。きっと女性社員と一緒に飲み会とかに出かけていたに違いない。そういう安心感を与えるのだ。私の友達にもいる。女子に人気があり、かといって異性として好かれているわけでなく、グレーな部分があるからこそ楽で安心な人。

「社員食堂でも男性は男性同士で食事をするんですけど、私はなぜか女性5〜6人と、ああでもない、こうでもないと、ぺちゃくちゃおしゃべりをしながら一緒に食事をしている。人畜無害なところがあったんでしょうね」

この仕事を始めて、なぜみんなこんなにセックスが下手なの？　と思いました

「小学校に上がって、2、3年生ぐらいからありましたね。スカートを穿きたいなとかそういう気持ちは」

埼玉で生まれ育った彼女。スカートへの憧れはあったものの、性への違和感や、男性へ恋愛感情を抱くようになったのはだいぶ遅くなってからだと話す。

「好きとかそういう感情自体がよくわからなくて。そこが芽生えたのはけっこう遅いと思います。どちらにせよ、あまり人間が好きではなかったので（笑）」

とても内向的な性格で、子供のわりに大人たちを俯瞰しすぎ、何も言えなくなってしまった子供時代だと振り返った。

「父親がそんな私を見てたまりかねたんでしょうね。中2か中3のときに『もっと子供らしくしろ』と言ってきました。その人自身がどういう人かわかり始めるとすごく話すんですけど、それを見極めるまでは、自分の意思表示をしないところがあった。大人になって、そうか、もっとわがままでいいんだということに気がつきましたけど」

女性と交際したこともあるが、いわゆるメンヘラと呼ばれる人に好かれることが多かった。語り口も存在感も恐怖を感じさせない。その理由がわかる気がする。

「どこかそういう人を引きつけるのでしょうね。精神的な病を抱えてくる子がなぜか寄ってくるというか」

性的な部分への目覚めは遅かったと話す。ここで初体験エピソードを聞こうとしたら、ご本人の口がどことなく重い。拒否感のようなものがあった。とりあえずわかったことは、初体験はかなり遅かったということ。相手が男性か女性かも明言せず。初体験以降、特定の恋人をつくることはなかったそうだ。

「飲み屋さんみたいなところで『この後どう?』みたいな。欲求を解消する、いわゆる一夜限りの関係は何度かありましたけどね」

30代の頃には性同一性障害だと自覚していたが、男性として企業に勤め真面目に働いていた。身を置いていたのはおもにＩＴ業界。好きで始めた仕事も年月を重ね、役割としがらみが増えてきて不自由を感じることが多くなっていた。そんなときに出会ったのがトライアスロン。興味を持つと勉強しつくし真剣に取り組む性格がそのままトレーニングや日常生活に反映された。医学的観点からのメンタルトレーニングや食に関する知識を学ぶにつれ、生きるうえでの重要要素がトライアスロンにすべてつまっていることに気がつく。デジタル人間がこのときに得た学びは、その後の人生に大きく影響を与えた。

「自分がつくったシステムやソフトって、使っている人がどんな表情をしてどのように使っているのかがわからないんです。でもクライアントからはクレームや無理な要求が来てストレスがたまっていく。あまりおもしろくない仕事で、ワクワク感がない。それでもっとユーザーに喜ばれ、感謝されるような、喜びを直に受けられることをしたいと思い、飲食店や野菜づくりに興味を持ちました。風俗もそうです。風俗がレベルの低い仕事とは思っていないし、万人が持つ性の欲求はじかに心身にふれられるところ。それでやってみようかなと思うようになりました」

そして46歳で退職。ニューハーフヘルスと並行して、野菜づくりと飲食店勤めをし、自分の思い描いていた人生を実現させていく。

「会社勤めだと普通に男でいるわけでしょう。それって女になりきれないわけですよ。とにかく自分が大手を振って、このスタイルで生きられる環境を自らつくっていかないと駄目だと思ったんです。なので20代、30代は男としてバリバリ働いて、ある程度お金を残して、そこからはヘルスや飲食店と、自分のお店を持ちたいなと思っていました。そしてそのお店に立つときは、誰もが認める女性の姿でと決めていました。若干遅れましたけど、46歳でかなえることができました」

駆け足もすぎるが、ここまでが彼女が「彼」として生きてきた足跡だ。情報が豊かになり、性別適合手術もしくはホルモン投与を始める年齢が若年になりつつある昨今のトランスジェンダー事情だが、彼女は彼女なりの考えと速度でもって、46歳でトランス（性を越える）することになった。

ＨＰで集客しながら関東圏で仕事をしている彼女。熟女ニューハーフヘルスのユーザーについて聞いてみた。

「山としては私の年齢前後が一番多いですけど、わりとなだらかな、けっこう平均化されたグラフになります。18歳から最高齢が83歳」

その最高齢83歳のおじいちゃんのエピソードは、いくつになってもエロ心を抱くことが男性にとって（女性ならエロ以外のものに見出しそうなので）、延命手段になりうるということを、あらためて実感させてくれるものだった。

「70歳前ぐらいに大病を患って、先もそう長くない。奥さんも亡くなった。そんな時期にお孫さんなのか息子さんなのかどちらかは忘れましたけど、どちらかが使っていたパソコンで、いわゆるエロ動画を見つけてしまった。今は動画がただで見られるんだとドキドキしちゃって、翌日に家電量販店にノートパソコンを買いに行ったんですって。それで毎日のようにエロ動画を見るようになった。そしたら『おじさん、元気になっちゃったんだよ』と言って（笑）」

定期的に彼女を指名し、そのたびにエロい動画や画像を見せてくるそうだ。そして83歳はパソコンだけにとどまらず、スマホまでを使いこなすまでになった。エロの原動力、おそるべしである。

「奥さんが先に逝っちゃうと男性は意気消沈するというじゃないですか。やっぱりエロスの世界というか、それがないと男ってたぶん生きられないんでしょうね。急に元気になって、まだ死んでられないと思ったらしいので（笑）」

むしろ生き返ったという感じ。彼女以外の風俗でも楽しく遊び、いつも服を脱ぐと、なぜか女性用の下着を身に着けているそう。意外かもしれないが、これは案外〝風俗客あるある〟なのだ。女性の下着を身に着けている人。動機は不明。

ここからはユーザーの性自認について。

「普通の男性。ほとんどがいわゆるノンケの方です。女装の人も来ますけど、女装趣味の方は性自認は男性の方がほとんどですからね。既婚未婚でいうと、圧倒的に既婚者が多いのではないでしょうか」

またか！　ここにも既婚者！　真っ先にそう思った。ウリセンのくだりで出てきたが、既婚男性は相手が男ならば浮気にならないという理由でウリセンを利用していた。さて、既婚男性がニューハーフヘルスを利用するその理由とは。

「私のところに来る人の話だと、女性だと罪悪感があるのでニューハーフならいいかな、みたいな、そういう感覚もあるみたい」

ウリセンボーイ、ニューハーフヘルス嬢ならば妻を裏切らないという心理。その思いやりには心を打たれるが、風俗嬢だと浮気になってしまうのだろうか。そういうことはないと思う。だって風俗嬢は仕事としてサービスをしているだけだ。すべてのお客さんにいちいち恋心を抱き、抱かれていたら疲弊と消耗の毎日だ。割に合わない仕事になる。

「一概に言えませんが、ご主人のほうが奥さんに思いを寄せているけど、受け入れてくれないんだよねという人が多いかな。『うちのかみさんと、もう、10年やってない』とか、そういう人は多いですね」

10年という長き間、夫婦でセックスをしていない。配偶者とのセックスレスに悩むのは女性ばかりではない。男性も悩んでいるのだ。

「奥さんから、『外でお金を払ってやってくれれば』みたいに言われてしまう人もいるし。というか、自分がもう（セックスに）興味がないから、旦那も興味がないだろうみたいな感覚があるのかも。それが私には理解できないんですけど」

ここで思う。出張ホストを利用する女性のなかには既婚者がいて、夫との心身のコミュニケーション不足に頭を抱えていた。出張ホストを利用する女性たちと、この男性たちが巡り合っていれば、きっと双方を思いやれ、良好な夫婦関係が築けるのではないかと。しかし、そう、うまくいかないのが世の常。しかし彼女はこんなことも話していた。

「この仕事を始めて、なぜみんなこんなにセックスが下手なの？　と思いました。これでは奥さん、エッチしたくなくなるよねっていう。激しいとかそういうことではなくて、相手の気持ちを考えていないのか、何も伝わってこないんです」

何も伝わらないセックスが苦痛でセックスを拒むのか、もともとセックスが好きではないのか、そもそもパートナーの存在自体が重荷になってしまったのか。

「あと、最近多いのは『奥さんから離婚してくれ』と言われたとかそういう相談。私のブログを読んで話を聞いてほしいという想いがあるみたいです。プレイのあとにそういう相談をされることもあれば、初めからそういう話が出てくることもあります。その場に奥さんがいたら、私はたぶん説教をしているかもしれない。そんな気持ちにもなります」

先に登場していただいた出張ホストも、妻を理解しようとしない夫の態度に「説教」をしてやりたいと話していた。すれ違うのが夫婦の日常なのだろうか。それが夫婦というものなのか……。

夫婦という全方位に認められた関係は、たやすく別れられない安心感に守られるが、2人にあった当初の熱い想いは日常という散文にしだいに埋もれていき、あっけなく溶けていってしまう。安心感は危機感を溶かす。やがてそれは一方的で自分勝手な「何も伝わってこない」セックスを招き、心は瞬く間に冷えていき、配偶者はあらゆる扉をパタンと閉じてしまうのかもしれない。

「一概には言えないですけど、セックスのうまい人は仕事もできます。それだけちゃんと自分のことがわかっているし、相手の表情もきちんと窺いながら、プレイスタイルを変えていく。仕事ができる人はセックスがうまいかどうかはわからないけど、セックスが上手な人は仕事ができます。これは確実にそうですね」

そして彼女の言葉はこう続いた。「正直言って、ニューハーフヘルスもほとんどの人がAVの見すぎですよね」。昨今、男女が絡むAVでのプレイが、素人男女カップルのセックスと風俗の現場に弊害を出している。男×ニューハーフAVでもその現象が起きているらしい。プレイを鵜呑みにし、模倣してくる人たち。ちょっと事情が複雑になるのだが、こういうことのようだ。

「お客さんの中には、ニューハーフに目覚めたきっかけが『ニューハーフAVを見て』みたいな方がいらっしゃって、そういう場合は私もぐっと力が入っちゃう。というか『嫌だな、この人』と内心思ってしまうんです」

ニューハーフヘルスに男の娘が含まれていることもあり、ニューハーフAVと男の娘AVの区別がついていないようなのだ。よって、〝ニューハーフ＝男の娘〟と認識されてしまっている。しかし、双方の性自認も性的指向も重なるところは多くない。というか少ない。なのに、ニューハーフに男の娘AVのような過激なプレイを求める人が多いのだと話す。

「電話やメールの問い合わせで『勃起しますか?』『射精しますか?』とか、『あなたが出した精子を飲みたいんです』とか『逆アナル（ニューハーフが挿入する側）できますか』とか言う人がいるわけです。最近ははっきりと、『そういうことをお望みでしたら、たぶん私を始めとして女性ホルモンを打っている人は勃ちが良くないので、今は男の娘という若くて元気な人がいますから、そちらに頼んだほうが確実ですよ』と嫌味半分で返すんです。『それでもお願いします』と来たら受けますけど」

ニューハーフヘルス嬢の多くはホルモン投与をしている。女性ホルモンは男性機能をあきらかに低下させる。先に登場した荒金さんは男の娘でホルモン投与をしているものの、その頻度と量はとても少ない。〝ニューハーフと男の娘はイコールではない〟という常識が根づいていない。ニューハーフに男性並みの勃起力を求めるのは難しいことなのだ。

「勃起薬を飲むこともあります。それでも全然駄目なときは勃ちませんから、そのときは『オプション代金はいただきませんので』と言います」

31年前の記事にもこうある。

「女性ホルモンを打っているからなかなか勃起しないの。お客さんの中には私のを含んでイカせることに喜びを感じる人がいるんだけど、こればかりはどうしようもないわ」

（「週刊ポスト」1986年9月26日号）

言いたいのは、風俗ってそんなに簡単にできる仕事ではないですよということ

ニューハーフが好きな人をトラニーチェイサーと呼ぶが、ニューハーフヘルスのユーザーすべてがそれにあてはまるわけではない。なかにはこのような人もいる。

「とにかく女遊びが大好きで、でも最近、女に飽きてきちゃった、みたいな人。40歳手前ぐらいからそういう人が多いかな」

性の探究者とも言うべき男性は、女に飽きると刺激を求め、ニューハーフヘルスへ足を運ぶらしい。ここで1986年の週刊誌記事のコメントを紹介しよう。

「ここに来る人は（略）いろんな遊びを経験して、ニューハーフのサービスが最高という結論に達した人なんです」（「週刊ポスト」1986年9月26日号）

31年前にも性的好奇心旺盛な男性がいて、そういう人たちによってニューハーフヘルスは支えられていたようだ。そしてこんなコメントも。

「男の人だって、アナルを一度体験したら、本物の女性よりずっといいと思うはず。だって締まりだってすごくいいんですもの」(同前)

で、31年後の熟女ニューハーフヘルス嬢はこう話す。

「男性によっては挿入するときにアナルが締まるから、その締めつけ感が気持ちいいという人と、締めつけすぎて痛いという人がいます。その締めつけ感が快感という人は、アナルにはまっちゃうんですよね」

昔も今もニューハーフヘルスの醍醐味は変化していないことがわかる。そして31年前のニューハーフヘルス嬢の売り上げは、「お客さんは一日三、四人はつきます。月収は三ケタは確実です」(同前)ということだから、かなりの高収入であることがわかる。熟女ヘルス嬢である彼女は「多くて60ぐらい。しゃかりきになって儲けようという気持ちがないからか、今月はもういいかとなったときは、40から50弱かな」ということだった。

彼女のニューハーフヘルスデビューは46歳のとき。遅いスタートだっただけに年齢の壁を実感することになる。彼女はこのとき、日本全体を覆う若さ至上主義へ疑問を持つことになった。

「求人広告に年齢不問と書いてあっても、年を言った瞬間に、『ちょっとそれは』と、門前払い的な感じが何度かあって」

――それは年齢でもう無理です、ということですよね？　ニューハーフヘルス業界も、若さに価値がある売り出し方をしていると？

「そうですね。そんな感じです。それよりも、ビジネスセンスやる気のなさに嫌気がさして、これならひとりで始めたほうがいいと思い、そうすることにしたんです」

――ビジネスセンスに嫌気がさしたというのは、具体的にどういうところなのでしょう？

「若い子ばかりをターゲットにしている手法が相変わらずだなと。調べてみると、晩婚化が進んで出産年齢が35歳前後になり、赤ちゃんが世に出てきて最初に見るのが熟女だから、人間は熟女が好きなんですって。なので、発想に柔軟性を持てばいろいろと挑戦ができるのではないかなと思って。こういうばかな人たちに説明してもわからないから、自分で全部やったほうが早いかなと。ちょっと口が悪いので、たまにそれが出ちゃう（笑）」

――年齢だけで門前払いが続いたときどう思いました？　怒りはあったのでしょうか？

「怒りというより、一般企業で長く働いていたので、電話に出た人の応対であるとか、メールの書き方であるとか、社会常識という点でこういうレベルの人たちと働きたくないよねという意識が先立ちました。そういうこともあり、年齢を特徴として生かそうという結論を出したわけです」

――私としては最初にＨＰを目にしたとき、50代の方がされていることに驚いて。熟女風俗の波が、ニューハーフヘルスにも来ているのかなとすごく興味を持ちました。

「私の感覚ですけど、日本の場合は、消費者、客側が流行をつくるというより、宣伝を提供する側が流行をつくっていく戦略的な部分もけっこう大きいと思っています。言ったもの勝ちではないですけど、どんどん宣伝アピールしていくと、日本人って操作しやすいというか、洗脳しやすいんだろうなとは、かねてから思っていたことです」

人は、と言うより、女性は若さにこそ価値がある、若さこそがすべてである。こう書き出してみると根拠もない文脈に、そもそもこの価値観が流布されるきっかけとなった根っこを知りたくなってしまうのだが、老いにこそ価値、老いこそすべて、なんて文脈が喧伝されたら、それこそコロッとそちらの価値観に居直ってしまうのかもしれない。

なぜ？　の疑問を抱かせない（抱こうとしない）のが世間の価値観で、それは情報発信した者勝ちの部分も、彼女の言うようにおおいにある。印象操作しやすいニッポンジンというところだろう。

——これ、どの人にも質問しているんですけど、風俗嬢は時々「なぜこの仕事しているの？　早く辞めたほうがいいよ」と言われるようなんです。言われたことはあります？

「私はブログで風俗に対してとても肯定的な発言をしているので、それはないですね。『できるだけ長く続けてもらいたいから、微々たる応援しかできないかもしれないけど、また来ますね』とわざわざ言って帰る人もいるので」

——いいお客さんのほうが多い？

「そうですね」

——風俗は底辺の仕事だとか、そういう差別的な発言をするお客さんはニューハーフヘルスにいますか？

「いるのかな。周りにはいるかもしれないですね。たしかにほかの職に就けなくて風俗へ流れてくる人も中にはいますけど、まずひとつ言いたいのは、風俗ってそんなに簡単にできる仕事ではないですよということ。お客さんの取れる子は頭がいいし、リピーターになってもらうにはどうすればいいのかをよく考えていますよね。業界に長くいる人に言わせると、人気のある方は全然顔立ちは関係ないんですって。人に接する姿勢がいいと言っていました」

——器量よりコミュニケーション能力が大事だと。

「器量がいいって、けして容姿だけに限定されないわけじゃないですか。表情など総合的なものだから。多少、世の中的にはブサイクと言われていても、表現力が豊かであるとか、礼儀正しいとか、笑顔がすてきであるとか、そういうのはやはり武器だし、相手の男性も、この子、なんかいいなと思うでしょう」

風俗嬢も出張ホストもウリセンボーイも、目を見張るようなルックスを持つ者が強者であるのは事実だが、強味になりえない程度のルックスだと、たしかに居心地の良さ、愛想の良さのほうが優先され、結果として売れっ子になっている。なかには美人は疲れるから気を使わないおばさんのほうが一緒にいて楽で好きだという人も。そしてそんなおばさんを望むユーザーは案外多く、手抜きのない抜きサービスと癒し効果で人気嬢となるおばさんもいるのだ。

――女なんて最後は体を売ればなんとかなるだろ、みたいに思われがちなんですけど、そんなに楽な仕事ではない？

「ですね。でもね、この世知辛い世の中、男性も女性から邪険に扱われる時代になっていますし、そういうのを考えると男性も病んでいますからね。そんなときにしょうもない風俗嬢にあたったら、俺はなんのために金を出して来たんだよという話になりますよね。癒されに来たのに、ずっと携帯をさわってたりとか、あまりおしゃべりもしないとか」

男性社会で男性として長らく生きてきた男性としての視点。そして女性としての視点。双方からの視点による意見は説得力が違う。

――話は飛びますけど、ニューハーフヘルス嬢が引退にするにあたって具体的にどういうサポートがあったらいいとお考えですか？

「個人的にはそういうことを考えるの、面白いと思います。社会に出て最初がこの仕事だと、世間知らずになる人が本当に多いので。例えば私のところにキャストが働きたいと来たとすれば、いわゆる世の中の身だしなみや、社会の常識的な部分はきっちり教えてあげたいなという気持ちはあります」

――業界内でサポートすればいいということでしょうか？

「そうですね。ですからビジネススキルを身につけるセミナーなどをやってもいいかもしれないですし」

女装親父がトイレに入るとかそういうのは、本当に困りものなんです

LGBTで言うと彼女はTである。性自認は女性、性的指向は男性。性別適合手術は受けていないが女性ホルモンを投与している。男性の名残と言えば背の高さと、静かな声がときに中性的に聞こえるくらい。立ち振る舞いに元男性を感じさせるものはない。長い髪と艶っぽい整った顔は和服を着たらさらに色気が増しそうな雰囲気。終始、落ち着いて話していた彼女だったが、T（トランスジェンダー）の話に及んだとき、語気を少し強くして主張してきた。ここからがその内容になる。

「LGBTで言うと、レズ、ゲイ、バイは私は理解できるんですけど、トランスジェン

ダーの世界はちょっとよくわからないです。私のような人はもちろんTですけど、そこに全然関係ない人が入ってきてしまっているので。意味のよくわからない人たちが」

――全然関係ない人？　例えばどういう？

「単に女装するのが趣味という人も、自分自身を性的マイノリティに含めちゃっている。それは単純に性癖と言うか、セックスをするときのプレイスタイルでしょうと。私も変態と言えば変態ですけど、本当に変態セックスがしたいだけの人が多いですから」

――いわゆる普通のおじさんが女物の服を着ているだけ、みたいな人？　と言ったら怒られますかね。

「彼女らというか、彼らが結局、Tのカテゴリに入ろうとしているんだよね。それは違うからと私は言いたいんですけど。女性になりたいと言うわりに、普通に女子トークができないから」

――それって普通に男性の感性で話しちゃうということ？　女子トークができないということは。

「ええ。これまでにもリクエストがあって、メイクや服の着こなし、女性ものの服の選び方を指導したことがあるんですけど、女性の格好で居酒屋に行ったりするんですね。

そのときに、普通の男女でもしないエロネタをする人がいるんです。女性同士って、エッチネタもするけど、食べ物系や美容健康とかそういう話が延々と続きますよね。あとは噂話とか。そういう話が一切出てこないわけです（笑）。いろいろと話を振るけど、全然乗ってこない。結局はエロネタばっかりみたいな」

――なるほど。女性に近づきたいという意思がまったく感じられない会話なんですね。どういうエロネタなんですか？

「私の声を聞いてると『ムラムラしてくるんだよね』とか言うんです」

――それ、ただのエロおやじですよね（笑）。セクハラですよね。女装をしているけど発想と中身はエロおやじ。そういう人が、自分はＬＧＢＴのＴと言っちゃっているんですね。

「そう。男性が女装をして私の声を聞いてムラムラしてくるとか、普通に変態みたいな人が多くて、それで自分をＴだと言ってくる。犯罪まがいなことをやる人もいるじゃないですか」

――犯罪まがい？　痴漢とか？

「痴漢もですし、女トイレや女風呂に入るとか、いろいろ世間を騒がせたりする変態女装親父がいたりしますでしょう。ああいうのは私たちTからすると困りものなんです」

――トランスジェンダーとして女性用トイレに出入りするというよりも、むしろ男性の気持ちとして単純に興奮したい心理なんですか？　自分の性的欲望を解消する手段や武器として女装をし、女性用トイレや女風呂に出入りしているのなら、それは不純な動機すぎる。というか、犯罪ですよね。

「だからひとくちに変態といっても、SMですとか、そっち系の人は健全なんですよね。ルールの上に立っているプレイをするので。私が解せないタイプの女装親父は、ルールがない。それに私は、基本的に美しくなろうと努力しない者にも否定的なので」

そして話はLGBTの権利主張におよぶ。このあたり、およびここまでの話は当事者でも人数ぶんだけ意見が分かれるところだ。彼女の意見として耳を傾けてほしい。賛同者も多くいるだろうし、異論を持つ人もいるかもしれない。

「今、セクシャルマイノリティに対しての権利主張がさかんになりつつありますけど、権利を主張する必要性を実はあまり感じていない部分があって。そこに乗っかって、当事者でもないのにLGBTを食い物にする姑息なことをする人も出てくるでしょうし。私としては、権利や法をてこ入れするよりも、自分たちが暮らす周りの人たちが理解をしていればいいし、こちら側も理解できるように努力をする必要があると思います」

——相互理解を深めようということ？

「お互いに努力をしなきゃいけない。当事者が公正に見られるために何もしていないわけです。そこに向き合わずに法整備等の話になっても、意識が変わらなければあまり意味がない気がします」

——当事者もまず問題意識を持つようにし、相互理解の努力をし、それから法整備等への道筋をつくったほうがいいと。

「そうですね。意識高い系の人たちが『理解してください、理解してください』と言っているだけと感じるときもあって。それはちょっと違うよなと。じゃあ私たちはマジョリティの暮らしを理解しているのですかという話になったときに、『はい』と言える人はどれくらいいますかと」

セクシュアルマイノリティー（性的少数者）、LGBT、ここ数年はLGBTQ（Q＝Questioning クエスチョニング《性別を男女どちらにも決めたくない人、迷っている人》）と、近年よく耳にするようになった言葉の歴史は日本においてはまだ浅い。しかし、それまで見えなかった（不可視）存在が加速をつけて可視化されてきた。それに戸惑うマイノリティ、マジョリティもいるだろう。ここはシンプルに考えてみる。双方、存在することについて傷つけることはしないこと。それを実現するには、双方、生活するうえでのルールを守ること。彼女の言いたいことはこういうことのようだ。

「普段、自分がふれない人やモノってやはり怖いわけです。だからそういう怖いもの、わからないもの、理解できないものを追い払う、排除する方向になるわけです。ですから自分たちのことを説明する必要もありますし、社会で暮らしていくわけだから、その中で恥じない、迷惑をかけないようにもしなければならないですよね。まず相手を怖がらせてはいけないと。だから先ほど言った、女装親父がトイレに入るとかそういうのは、本当に困りものなんです。そういった人たちの存在で、すべてのTや当事者が誤解されてしまう」

たしかにその通りだと思った。

割り切れるところは割り切っていかないと、
心が壊れていっちゃうのかな、と思って

現在彼女は女性ホルモンを投与しているだけで豊胸手術はしていない。胸の少しのふくらみはブラのパッドによるものである。「盛らないと、胸の部分がだぶついちゃうので」ということだ。女性として生きていく決意をした彼女が性別適合手術をしない、その理由を聞いてみた。

「もちろん手術をするつもりではいたんですけど、46歳という年齢でしたし、これが理由になるかどうかはわからないけど、最後にいた会社で、仲の良い女性が2人いたんですね。そのあと、それぞれに彼氏ができて、結婚して、妊娠出産をした。私、当時はヘルスと農業をやりながら、10席ぐらいしかない小料理屋さんを始めたのね。そうしたらお店に、その2人が自分の子供を連れて遊びに来てくれたんです。そのときに、抱かせてもらって。

子供ってかわいいなって、これを自分で産めたらいいのにな、みたいに思った。でも、自分は年齢的な問題もあるけど、性転換したところで妊娠出産はできないんだよねって。痛みを伴って、新しい命を世に出すことは自分にはできない。そんなことをいろいろと考えたら、完璧を求めなくてもいいかな、というところに行きついたんです。突きつめて考えていけばいくほど、結局、これが足りない、あれが足りない、これも駄目、あれも駄目ということになる。どこかでバランスよく割り切れるところは割り切っていかないと、心が壊れていっちゃうのかな、と思って。

小料理屋をプレオープンする前に、〝ニューハーフが自家製の野菜で料理屋を始めます〟みたいな貼り紙をしておいたら、頭の切れそうな女性が来て5人で予約を入れてくださったんです。その後5人で来て、彼女以外は帰って、私とカウンター越しで1対1になった。そのときに『実は私の三男坊がゲイなのよ』という告白をしてきて。『今度連れてくるからよろしくね』って。

それからその方とフェイスブックでつながったんですけど、投稿する内容が、ほかの承認欲求ありありな人たちとは違っておもしろくて。読書や映画やお芝居もよく鑑賞されているので、視点が広く、おもしろいんです。お互いお酒が好きだから、一緒に飲みに行くようになったんですね。その彼女は、クリニックの医療事務をしていて、仕事のお話などをしていたときに、『つい最近まで、女性ホルモンを注射しに来ていた人が、突然来なくなっちゃったんだよね』って。そうしたら自分で命を絶っていたということで。

この世界、けっこう多いらしいですね。特に性転換をして、目的を達成した人ほど自殺率が高いという話も聞きます。真偽のほどはわかりませんが、そういう話をよく聞くので、私もその理由を知りたくて自分なりの分析をしてみたところが、先ほど言った、完璧を求めてもやはり壁にぶち当たってしまう。しょせん男で生まれてきて、それを無理やり女性と言い張っているだけの話ですから」

今後の夢を聞いたとき「これまでの人生でひとつもできなかったことというか、自分の苦手な部分は、人を育てること。人を育てることはなんらかの形でやっていきたい」と話していた彼女。妊娠・出産・育児を考慮しての発言だろう。今では生物学的に女性であっても、妊娠出産を選択しない女性も多い。身体的に持てる者、持たざる者を悩ませる、妊娠、出産、育児という強迫観念のようなもの。子を持った人、持たなかった人、持てなかった人、それぞれがそれぞれの考えと痛みを抱き、悩みながら生きている。自分の意志だけではどうにもならないことが、生きていると、よくある。

――ご家族へのカミングアウトはどうされています？

「40歳を過ぎたあたりに、弟だけにカミングアウトをしました。『小さい頃からそういう感じはあったよね。いいんじゃない、自分の人生だから好きにすれば』と言っていたのに、親類縁者全体にカミングアウトをしたら、全然擁護してくれなくて向こう側に回っちゃった」

――となると現在はどのような状況に？

「弟だけでなく家族親戚すべてに会っていません。ほかの兄弟も実家近くに住んでいるので、買い物をしに地元のスーパーへ行くと会うわけです。私は挨拶をするけど、向こうは気がついてもそっぽを向いちゃいますから。まったくのガン無視ですよ」

その後もいろいろなエピソードを聞かせてもらったが、カミングアウト後にここまであからさまに拒まれた人に会うのは初めてだった。聞くと彼女は本家の長男。そんな人が性を越境した。たしかに大ごとである。セクシュアリティを開示しないで生きていくこともできただろう。しかし彼女は自分の気持ちに正直に従った。でも正直になることで周囲との軋轢が生まれた。誰もがありのままに生きられる社会。むしろむなしく響くばかりだ。

——最初は理解者だったのに。

「しょうがないですけどね。うち、わりと古い家だから親戚も多くて、偉そうな顔をするおばちゃんたちが大嫌いだった（笑）。話し合いの場で、小さい頃からたまっていたものを全部吐き出しちゃったんです。散々こき下ろした。それがたぶん原因だと思うんですけど、完全に拒否されちゃいましたね。まあ私が悪いんですけどね」

——孤立ですね。ひとりぼっちですね……。

「父は亡くなっているので、今は味方は母だけかな。実家に行けば野菜を持たせてくれたりするし」

本家の長男として、今後、彼女の前に立ちはだかる壁は未知数だ。しかし彼女はそれを嘆くわけでもなく、悲観する風でもなく、ずっと事もなげに話し続ける。その語りが途切れないのは、多くの想いの数々がこれまでの人生で蓄積されてきたからだろう。54歳という年齢、そこからくる余裕と諦め、それらすべてが混ざり合い、現在の彼女をつくりあげている。

――46歳でカミングアウトをして、そこで生活を一新していろいろと一変した。家族問題はさておき、どうでしたか？　気分は晴れ晴れという感じ？

「そうですね。同一人物なのかと思うぐらい性格が変わったというか。本当にしゃべらない子だったし。最近言っちゃいけないことまでどんどん言っちゃうし」

――そうなんですね。言っちゃいけないことって放送禁止用語とか？

「禁止用語というよりも、歯に衣着せぬ言動が、わりといろんな人たちに受けている部分があって。男は女を見下していますが、男はそれ以上にニューハーフというか、私たちみたいな人を見下しているわけです。例え私のような人が正論を吐こうが自分たちの競争相手ではない。だから嫉妬や貶めようとはならないんです。男たちにとって私たちは戦いの土俵に乗っていない。だから、私もそれを逆手にとっていろいろなことを言う立場になったというか。男って本当に嫉妬深いですからね」

――男性は自分以外に対して嫉妬深いということ？

「そうです。自分が一番の識者であり、自分が一番できる人間だと思いたいわけです。常に自分が上にいたいんです」

――それは言えるかも。

「いいことをしても、素晴らしい仕事をしても、本当に素直に認めない。自分が追い抜かれてしまうから、こいつをどうやって落とそうか、そういうことばかり考えている連中ばっかりなので。本当嫌ですよ、あいつたちは（笑）」

男性として生きてきた人がその後女性となって男性をこきおろす。おもしろいなと思った。

――誰もが認める形で世に出たいという想いは、ずっとあったとおっしゃっていましたが、むしろそう思っている期間がすごく長かった？

「長かったですね」

今後は、人材育成してみたいと話していた彼女。それ以外にも知識を深めるために勉強をしたいと語っていた。夢は広がる。

「今までいろんな知識を蓄えてきて、人生も深まってくるとものの見方が変わってくる。そこからまた勉強をすると、また違ったものが得られるのかなと思っていて。日本史や人類史、脳科学を勉強しようかなと思っているんですけど。

こうやって40も半ばを過ぎてから、第二の人生になったので、まだまだ元気でいられれるのであれば１００歳まで生きたいですよね。そうするといろいろとできるから、もう一回大学に行きたいなとか。

女性になって、まだ、10年も経っていませんからね」

長いあとがき

本書の完成にあたり多くの方々の協力をいただいた。ノンフィクションは取材対象者なくして成立しないジャンルだ。こちらからの突然の取材依頼を快諾し、時間をつくってくださった10人に、なによりも真っ先に感謝を述べます。本当にありがとうございました。『男娼をテーマに本を書きたいです』。そんな唐突なお願いに耳を貸してくれた光文社・ノンフィクション編集部の森岡さん（編集長）、須田さんにも感謝を。そして、帯にコメントをくださった三橋順子先生、中村うさぎさんにも深く感謝を申し上げます。

本書の取材期間は２０１６年11月～２０１７年９月の11カ月間。最初の取材から１年以上が経過しているので、その後の皆さんの近況をお伝えしようと思う。

出張ホストの章で最初にご登場いただいた男性は50歳になった。50にして天命を知る、ではないけれど、蓄積された経験をもとに仕事にまい進し、今日も女性たちの心をほぐしている。タイトル『男娼』が〝気に入らない〟と直球な連絡が来たが、世間が持つ男娼という職業のイメージに敏感になっていた。出張ホストは下衆な関心を持たれる職業ではないこと。売る買うで割り切れない奥深い関係性のうえで成立する職業であることをあらためて説明してきた。それは、『男娼』というタイトルの本に自分が出ることで、顧客である女性たちが世間からのイメージによって傷つけられてしまうのではないか、そんな配慮のもとの意思表示だった。彼のＨＰは「おもちゃ　彼氏代行」で出てくる。

性感マッサージセラピストの彼も順調に仕事を続けている。言葉数はけして多くないが、彼がつくりだす空間は女性たちの心身を今日も満足させていることだろう。「お笑いライブと海釣りに毎月行くようになりました」と彼らしい癒し系な近況がきた。そして「コミュニケーション能力を高めようと現在色々とお勉強中です。（中塩さんはコミュニケーション能力が高そうなので教えてほしいです（笑））」とも。私も仕事以外では電池が切れたかのように話さなくなるので同じです。ともにコミュ能力を高めていけるよう、頑張っていきましょう。彼のＨＰ検索ワードは「女性専用 風俗 性感開発専門店 神奈川 東京」。

名古屋のベテランホストの彼も、『男娼』というタイトルに戸惑いを感じていたようだ。登場人物のなかで、彼だけが性的サービスを施していないのでその反応も当然のことと思う。女性にとってカウンセラー的な彼の存在は、「出張ホスト」がいかに多面的な職業であるか、そして、女性が出張ホストを求める欲望は性的なものに直結しない、そのことを証明している人物だけに、本書には必要な方だった。しかし彼の期待にこたえられたのかは自信がない。「代表という肩書のもと、活動の幅を広げています」との近況。原稿に関して何度かやりとりをしたが、彼は一貫して物腰ソフトな気遣いが感じられる内容で対応してきた。HP検索ワードは「名古屋　出張ホスト」。

それぞれスタイルの違う出張ホストの3人からは、女性への細かい配慮が感じられた。彼らが誰よりも女性たちの受難を目の当たりにしているからだろう。

第二章のウリセンだが、オーナー氏は順調にお店を経営している。ちなみに先日再婚した。懲りずにまた中国の女性と結婚した。今度はどれくらい持つのか、周囲でそう思っている人は多いと思う。2番目の売れっ子ボーイの彼は、まじめに昼職で働いている。ウリセンのほうは現在お休み中。おそらく近々復帰するだろう。3番目のオーナー氏と翔くんも順調に仕事を続けている。

第三章の畑野とまとさんは、5月の東京レインボープライドのパレードにてセックスワーカーの非犯罪化等を訴え練り歩いていた。荒金さとみさんはAVと風俗で活躍中。アダルトだけでなくテレビ番組のエキストラやモデルとしても活動しているそうだ。「深い意味を感じさせるタイトルで非常に良いと思いました」とはタイトルへの感想。54歳の彼女も仕事を継続中。原稿確認をお願いしたら、近況報告を含め、長いメールが来た。原稿一本分にもなりそうなボリュームだったので、一部を紹介しようと思う。

「年に4〜5名ほど、女になって私のところで働きたいという連絡をいただくことがあります。私がその方たちに対して必ず尋ねることがあります。『あなたの目標は何ですか?』ということです。質問された本人は必ず戸惑います。女になるために訪ねてきたのに、なぜこの人はそんな質問をするのだろう、ということのようです。つまり、女になることが目標になってしまっているのです。目標が、東大に入ること、司法試験に合格することを目標にしているのと同じです。それでどうするの? その先がないんですね。そんな方々に私は、『あなたは今後、女になるなんてことを考えないほうがいいですよ』と言ってしまいます。もちろん言われた本人はその意味を理解することはありません。私としては、その後、その人がどうアクションを起こすのかを期待していたりするのですが、今のところ期待のままで終わっています。

私もその方をひとりの自立した女性として世に送り出してあげたい気持ちがあります。そのためには多くの壁を乗り越えていかなければなりません。それを乗り越えるために〝人生の目標〟が必要不可欠だと考えています。だからこそ私は厳しいことを求めます。まずはそんな厳しさを求めてくる私という壁を乗り越える努力をしてほしいのですが……。

陰に隠れた人生を送ってほしくないんです。堂々と社会に貢献できる女性であってほしいと願うからこそ、そう思うのです」

＊＊＊

男性（元男性も含め）が性的サービスを施す側になると、どんな世界が見られるのか。そんな素朴な疑問から取材は始まった。出張ホストからは、女性の欲望はけして性的なものが到達点ではないこと。むしろ、心理面でのケアをコミュニケーションを通して求めていることを知らされた。そこには女性たちが抱えてきた普遍的ともいえる悩みが横たわっていた。ウリセンボーイはまず、従事者のセクシュアリティの確認から始まった。利用者からはセクシュアリティの複雑さや、求めている欲望の衝動性が感じられた。ニューハーフヘルスは、従事者の身体状況を知ることから始まった。トランス前後の質問も必須だった。利用者に関しては、性癖に近い、予想外の欲望を見せられた気がした。三者三様、見せられる世界がそれぞれまったく違っていた。まさにこれが今、私たちが生きている世界なのだろう。ひどく納得がいくわかりやすい共通点など見当たらず、想像範囲内の現実などなく、枠組みでは収まりきれない性と人生があった。すでに私たちは多様な世界を生きている。だからこそ私たちはもっと自由に生きていいし、自由に生きたいと願う他者の希望を摘んではいけないし、自由を守るために他者への思いやりと想像力を欠いてはならない。

ここから私の話を。性風俗業界を足場にスタートさせたライター業だが、現在はその色をわずかに残す程度の関わりとなり、あらゆるジャンルの取材活動を行っている。性風俗に興味を失ったわけではなく、興味の対象が広がり、広がったぶんだけ執筆機会を与えられ、何かに特化して書くという状況ではなくなった。そして自分もその状況に大きな不満はない（強いていえば時間が足りない）。今現在、性風俗をテーマに執筆されている方はそれなりにいる。そういうこともあり、タイの性風俗はあっても、日本の性風俗に関しての執筆作業は当面ないと思う。これまでの長年の取材で得てきたものは、『風俗嬢という生き方』（光文社知恵の森文庫）、『エッチなお仕事なぜいけないの?』（ポット出版・中村うさぎ編）で思い残すことなく、余すことなく、文字にしてきたつもりだ。特に『エッチなお仕事なぜいけないの?』では、自分が見聞きしてきたことを文字にしなくては、と、思っていた絶妙のタイミングで寄稿させていただいたうえに、中村うさぎさんの名を借りることによって、中塩智恵子という名では到底届かないところまで多くの声を届けることができたので、肩の荷をおろすことができた。価値ある何かを書けたのかはわからないが、役に立ててもらえれば、というつもりで書いた。それは初著書も同様である。とにかく長年、性風俗と風俗嬢を自由に描くことで生活が成立していたことへの責任・義務のようなものを果たしてから、次へ進みたかったのだと思う。

セックスワーカーに限らず、マイノリティや被災者といったいわゆる弱者について取材していると、彼ら彼女らに「寄り添って」といった言葉が使われがちだが、私はこの表現があまり好きではない。「並走」という感覚が一番近い。なぜなら誰かに寄り添うことができるほど自分は人間的に成熟していない。空腹であればすぐに不機嫌になるし、思い通りにならないとすぐに腹を立てる。寄り添うにふさわしい聖人君子なところはまったくといっていいほど一切ないからだ。同じ時代を生きる者として、走り続ける彼ら彼女らと並走しながら、マイクを差し出す感じで取材しているつもりでいる。ともに頑張りましょうと声を掛けながら。

40も半ばに差しかかると、感覚的には無限よりも有限というほうがしっくりくるのだが、限られた時間で書かなくてはならないことがいくつかある。いつまで走り続けられるのかわからない。だから早くそれに取り掛からなくてはと思う。

また近いうちに、お会いできればと期待をこめて。

２０１８年５月　新宿２丁目の自宅にて　中塩智恵子

【主要参考文献】

飯島愛『プラトニック・セックス』 小学館 2000年

一條和樹『出張ホスト―僕は一晩45000円で女性に抱かれる』 幻冬舎アウトロー文庫 2003年

伊藤悟・虎井まさ衛『多様な「性」がわかる本―性同一性障害・ゲイ・レズビアン』 高文研 2002年

井上章一編『性欲の文化史1』 講談社選書メチエ 2008年

井上章一・三橋順子『性欲の研究 東京のエロ地理編』 平凡社 2015年

風間孝・河口和也『同性愛と異性愛』 岩波新書 2010年

川本直『「男の娘」たち』 河出書房新社 2014年

ゲイリー・P・リュープ 藤田真利子訳『男色の日本史 なぜ世界有数の同性愛文化が栄えたのか』 作品社 2014年

現代風俗研究所『日本風俗業大全〈欲望の半世紀〉』 データハウス 2003年

酒井あゆみ『売る男、買う女』 新潮社 2006年

酒井あゆみ『レンタル彼氏』 幻冬舎 2005年

中村うさぎ『セックス放浪記』 新潮社 2007年

橋本治『性のタブーのない日本』 集英社新書 2015年

松倉すみ歩『ウリ専！』英知出版　２００６年
三橋順子『女装と日本人』講談社現代新書　２００８年
宮田和重『ぼくはこうして出張ホストになった』彩図社　２０１２年
森山至貴『ＬＧＢＴを読みとく――クィア・スタディーズ入門』ちくま新書　２０１７年
『現代思想　特集＝ＬＧＢＴ　日本と世界のリアル』青土社　２０１５年
『週刊東洋経済　知られざる巨大市場・日本のＬＧＢＴ』東洋経済新報社　２０１２年
『ユリイカ　特集・男の娘――〝かわいい〟ボクたちの現在』青土社　２０１５年

中塩智恵子（なかしお ちえこ）

1974年生まれ。宮城県石巻市出身。アダルト系出版社を経てフリーランスのライターに。現在はおもに女性週刊誌で執筆。政治家、文化人、芸能人、風俗嬢、ウリセンボーイ等と幅広い取材活動を行う。2002〜2006年までタイ・バンコクに在住。現在、新宿2丁目在住。著書に『風俗嬢という生き方』（光文社知恵の森文庫）がある。

男《だん》娼《しょう》

2018年6月30日　初版第1刷発行

著者　中塩智恵子

発行者　田邉浩司

発行所　株式会社　光文社

〒112-8011　東京都文京区音羽1-16-6

電話　編集部03-5395-8172　書籍販売部03-5395-8116　業務部03-5395-8125

メール　non@kobunsha.com

落丁本・乱丁本は業務部へご連絡くだされば、お取り替えいたします。

DTP　有限会社アミークス

組版　半七写真印刷

印刷所　半七写真印刷

製本所　国宝社

ISBN978-4-334-95035-4